예배인가, 쇼인가!

Originally published under the title of

TOZER ON WORSHIP AND ENTERTAINMENT

Copyright ⓒ 1997 by Christian Publications, Inc.
Published by Christian Publications, Inc.,
3825 Hartzdale Drive, Camp Hill, PA 17011, U.S.A.
Korean Translation Copyright ⓒ 2004 by Kyujang Publishing Company
All rights reserved.

본 저작물의 한국어판 저작권은 Christian Publications사와
독점 계약한 규장이 소유합니다.
저작권법에 의하여 한국 내에서 보호를 받는 저작물이므로
무단 전재와 무단 복제를 금합니다.

A. W. 토저 마이티 시리즈(A. W. TOZER Mighty Series)

토저는 교인수의 성장을 위해서라면 대중의 인기에 야합하고, 거대 기업의 경영방식을 무차별 차용하고, 할리우드 엔터테인먼트 방식을 예배에 도입하는 것에 대해 통렬한 비판을 가하였다. 그는 현대의 교회가 물량적 성장을 위해서라면 교회의 순결성을 포기하는 듯한 자세를 보일 때는 그것을 좌시하지 않고 언제나 선지자의 음성을 발하였다. 듣든지 안 듣든지 이스라엘 교회의 세속화를 준열히 책망했던 예레미야처럼, 토저도 시대에 아부하지 않고 하나님교회의 순정성(純正性)을 파수하기 위해 '강력한' (Mighty) 말씀을 선포했다. 그래서 토저는 '이 시대의 선지자' 라는 평판을 들었다. 토저가 신앙의 개혁을 위해 외쳤던 뜨겁고 강력한 메시지를 이 시대의 우리도 들어야 한다. 말씀과 성령에 의한 개혁이 절실히 필요한 이때, 규장에서 토저의 강력한(Mighty) 메시지들을 'A. W. 토저 마이티(Mighty) 시리즈'로 출간한다.

"토저의 설교는 설교단에서 발사되어 청중의 마음을 관통하는 레이저 광선과 같다." - 워렌 위어스비

예배인가, **쇼인가?**

A. W. 토저 지음
이용복 옮김

규장

머리말

예배가 변질되면 교회가 변질된다

평생의 사역이 끝날 무렵 A.W. 토저(A.W. Tozer) 박사는 세상이 교회 속으로 침투하여 교회를 잔인하게 유린하는 것을 막지 못하여 전쟁에서 패배했다고 술회했다. 그는 기독교가 빈혈증에 걸려서는 안 된다고 역설하면서, "많은 교회가 기독교의 진리에 물을 타버렸다. 그리하여 그것이 독이라 할지라도 그 누구도 죽일 수 없고, 그것이 약이라 할지라도 그 누구도 고칠 수 없게 되었다"라고 비판했다.

이것은 과격한 표현이다. 그러나 이 책을 읽는 사람은 그가 무슨 뜻으로 이렇게 말했는지 이해하게 될 것이다.

토저는 '연예오락(entertainment)이라는 큰 우상'이 예배를 타락시킨 주범이라고 진단한다. '예배'라는 지극히 중요한 주제에 대한 그의 사상이 이 한 권의 책에 모아졌다. 이 책에는 내게 있던 토저의 500개 정도 되는 설교 테이프에서 가려 뽑은,

예배에 대한 그의 메시지가 담겨 있다. 테이프는 그가 그의 시카고 교회, 수련회 집회, 교회 대표자회의, 교단 총회 및 그가 마지막으로 몇 년을 보낸 토론토의 애비뉴 로드 교회에서 했던 설교들이다. 거기서 발견되는 한 가지 사실은 어떤 주제든지 간에 그가 일관된 신념을 나타내고 있다는 사실이다. 그가 1954년에 가졌던 신념이나 1962년에 가졌던 신념에는 아무런 차이가 없다. 그는 상황에 따라 즉석에서 아무렇게나 말하는 사람이 아니었다.

때때로 설교자는 설교할 때 스스로 설교에 도취되어 자기가 믿지도 않는 것을 말하기도 한다. 그러나 토저는 결코 그런 적이 없다. 당신이 이 책을 끝까지 읽으면 알겠지만, 그의 설교 테이프의 내용과 그가 쓴 책의 내용 사이에는 거의 차이가 없다.

당신이 이 책을 다 읽는다면 토저가 여기서 다루는 주제들에 대해 얼마나 확신에 차 있었는지 알게 될 것이다. 다시 한 번 말하지만, 당신이 그의 견해에 동의하지 않을 수도 있다. 그러나 동의하지 않는 사람이라고 해도 그의 글을 읽는다면 그가 지적하는 현대 교회 예배의 타락한 모습에 대해 당연히 고민해보아야 한다.

  토저는 한 사람 한 사람의 개인이 변화되는 일이야말로 현대 교회의 유일한 희망이라고 주장한다. 그는 이런 관점에서 설교하고 글을 쓰면서 언제나 그의 '열심 있는 사람들의 모임'에 합류할 사람들을 찾았다. 만일 단 한 사람이라도 그의 설교와 글을 통해서 빛을 발견한다면 그것이 바로 그의 노고에 대한 보상이 될 것이다.

영문판 편집인 제임스 스나이더

아버지께 참으로 예배하는 자들은 신령과 진정으로 예배할 때가 오나니
곧 이때라 아버지께서는 이렇게 자기에게 예배하는 자들을 찾으시느니라
하나님은 영이시니 예배하는 자가 신령과 진정으로 예배할지니라
요한복음 4장 23,24절

차례

머리말

1부 인생의 목적은 하나님을 하나님답게 예배하는 것이다

하나님은 자신이 우리를 창조하신 본래의 목적을 위해 우리를 다시 부르고 계신다.
그 본래의 목적이란 하나님을 예배하며 하나님을 영원히 즐거워하는 것이다.

1장 **먼저 하나님을 믿고 하나님께 예배하라** • 13
2장 **우리는 예배드리기 위해 구원받았다** • 30

2부 하나님이 받으시는 예배를 드려라

우리가 하나님이신 예수 그리스도를 통하여 하나님께 참예배를 드리려면 우리 안에는
반드시 하나님의 영이 활동하셔야 한다. 하나님은 성령 없는 예배를 받지 않으신다.

3장 **하나님이 받지 않으시는 예배도 있다** • 59
4장 **영혼의 눈으로 영광의 하나님을 바라보라** • 68
5장 **하나님의 황홀한 임재를 체험하라** • 77
6장 **불타오르는 열정으로 하나님과 교제하라** • 88
7장 **하나님의 능력을 간절히 사모하라** • 95
8장 **모든 것을 다 바쳐 하나님을 숭모하라** • 98
9장 **참된 예배의 부흥을 주시는 성령을 간구하라** • 116
10장 **나를 찬양하지 말고 하나님을 찬양하라** • 120

3부 사이비 예배를 중단하라

'종교적 쇼'에는 악취가 난다. 종교적 쇼의 진행자들이 성소로 들어갈 때 그들은 여호와께 이상한 불을 드리는 위험스러운 짓을 하는 것이다. 최악의 경우 종교적 쇼는 신성모독이 될 수 있다.

11장 쇼비즈니스 연예오락이 예배를 타락시키고 있다 ・129

12장 그리스도를 배반하고 인기를 숭배하는 작태를 그쳐라 ・155

13장 껍데기 예배는 가라 ・163

14장 인간에게 아첨하지 말고 하나님의 방법으로 전하라 ・173

15장 재미의 우상을 버리고 하나님께로 돌아오라 ・183

16장 할리우드에서가 아니라 성경에서 배우라 ・206

1부 인생의 목적은 하나님을 하나님답게 예배하는 것이다

ON WORSHIP and ENTERTAINMENT

하나님은 자신이 우리를 창조하신 본래의 목적을 위해 우리를 다시 부르고 계신다. 그 본래의 목적이란 하나님을 예배하며 하나님을 영원히 즐거워하는 것이다. 우리가 전심으로 참예배를 드린 후에야 비로소 하나님의 일을 하는 것이 올바른 순서이다. 나는 분명히 말한다. 예배를 지겨워하는 사람은 아직도 천국에 갈 준비가 되어 있지 않은 사람이다.

TOZER ON WORSHIP AND ENTERTAINMENT

먼저 하나님을 믿고 하나님께 예배하라

1장

예배의 대상은 하나님이시다. 니케아 신경은 우리가 '한 하나님, 즉 천지를 지으신 분, 보이는 것과 보이지 않는 모든 것을 지으신 분, 전능하신 아버지'를 믿는다고 고백한다. 우리는 바로 이런 분을 예배하는 것이다.

예배 행위

예배를 드리고 싶어 하는 것은 인간의 보편적인 본능이다. 예배를 드리지 않는 인종이나 종족이 이 세상 어디에 있는지 잘 모르겠지만, 적어도 그런 인종이나 종족에 대해 이제까지 알려진 바는 없다. 그러나 대부분의 경우 예배는 너무나 불완전하고 잘못된 방향에 빠져 있고 순수하지 못하다. 그렇기 때문에 우리가 하나님을 조금이라도 제대로 예배할 수 있도록 도와주는 가르침이 있다면 그것은 대단히 큰 도움이 될 것이다.

예배를 이루는 몇 가지 요소들이 있다. 그중 하나가 '감탄'(admiration)이다. 예배하지 않고 감탄하는 것은 가능하지만,

감탄 없이 예배하는 것은 불가능하다. 왜냐하면 예배는 하나님에 대한 감탄의 감정이 극대화되어 자연스럽게 행동으로 이어진 것이기 때문이다.

마찬가지로, 우리가 예배의 대상으로 삼지 않는 대상을 존경할 수는 있지만, 우리가 존경하지 않는 대상을 예배할 수는 없다. 그러므로 예배에는 '존경'(honor) 또한 필수적인 요소이다.

예배의 세 번째 요소는 '매혹'(fascination)이다. 우리를 매혹하는 것이 아니면 우리의 예배 대상이 될 수 없다. "하나님을 볼 때 우리는 놀라움과 경의(敬意)에 사로잡혀 오직 하나님만이 소유하신 아름다움을 찬양합니다"라고 외치게 된다. 경의에는 놀라움의 요소가 포함되게 마련이다. 우리가 설명할 수 있는 대상이라면 그것은 이미 우리의 예배의 대상이 될 수 없다. 예배하기 위해서는 감탄과 존경만으로는 부족하다. 거기에는 매혹하는 신비로운 힘이 있어야 한다. 왜냐하면 그것은 우리의 마음을 완전히 사로잡아 예배를 향해 열리도록 만들기 때문이다.

예배의 네 번째 요소는 '사랑'(love)이다. 사실, 이것은 맨 처음에 언급되었어야 했던 요소이다. 어떤 대상을 예배하지 않으면서 사랑하는 것은 가능하지만, 사랑하지 않으면서 예배하는 것은 불가능하다. 사랑이 무한히 커지면 결국 '숭모'(崇慕, adoration)가 된다.

여기서 잠깐 우리가 사용하는 용어를 정리해보자. 안타깝게도, '존경', '사랑', '숭모' 같은 단어는 그 단어의 본래 용법에서 벗어나 사용되고 있다. 우리는 이 단어들을 본래 하나님에 대해서만 사용해야 하는데도 일상적으로 사용하기 때문에 그것들의 본래 의미를 퇴색시켰다는 말이다. 만일 내가 권력자라면 이런 말들은 오로지 기도하고 성경을 가르치고 설교하고 찬양할 때에만 사용하도록 규제하는 법을 만들겠다. 이런 단어들이 오직 하나님에 대해서만 사용되어야 하는데 우리가 그것들을 값싸게 사용하여 본래 의미를 퇴색시켰기 때문이다.

예배는 사랑하는 대상과의 연합을 추구한다. 우리의 마음과 우리가 숭모하는 하나님 사이의 간격을 메우려는 적극적인 행위가 최고의 예배이다.

예배의 대상

예배의 대상은 물론 하나님이시다. 니케아 신경(the Nicene Creed, 주후 325년 니케아 회의에서 결정된 표준적 신조 - 역자 주)은 우리가 '한 하나님, 즉 천지를 지으신 분, 보이는 것과 보이지 않는 모든 것을 지으신 분, 전능하신 아버지'를 믿는다고 고백한다. 우리는 바로 이런 분을 예배하는 것이다. 하나님이 어떤 분인지 알고 그분의 모든 속성을 이해한다면, 우리는 무릎을 꿇고 그분을 숭모하며 예배할 것이다. 디모데전서 6장 16절은 "(하나님은) 가까이 가지 못할 빛에 거하시고 아무 사람도 보지 못하였고 또 볼 수 없는 자"라고 말한다. 하나님은 "나를 보고 살 자가 없음이니라"(출 33:20)라고 말씀하신다. 성경에 의하면 하나님은 거룩하시고 영원하시고 전지(全知)하시고 전능하시고 주권적(主權的)이시며, 수많은 속성을 갖고 계시다. 이런 사실로 볼 때 우리는 마땅히 낮아지고 겸손해야 한다.

우리 마음을 안정시키고 달래기 위해서 교회에 간다는 사람들의 말에 나는 동의할 수 없다. 예배드릴 때 우리 마음이 안정되고 평안을 얻는 것은 사실이지만, 그것이 교회 출석의 일차적인 목적은 아니다. 그 목적은 예배를 드리는 것이다. 왜냐하면 예배는 본래 하나님께 속한 것이기 때문이다.

시편 45편에서 시인은 성육신(成肉身)의 하나님을 발견한다. 시인에 의하면, 성육신의 하나님은 성부(聖父)와 동일한 본질을 소유한 하나님이시요, 세상이 있기 전부터 존재한 분이시요, 때가 차면 태어날 그분의 육신의 어머니의 본질도 소유하게 될 분이시다. 성육신의 하나님은 빛을 발할 정도로 아름답고 멋지고 매력적인 분이시다. 하나님이신 인간, 인간이 되신 하나님을 묘사하기 위해서 다윗은 '아름다운', '위엄 있는', '왕다운', '진실한', '의로운', '온유한', '사랑이 많은', '기뻐하는', '향기로운' 등의 수식어를 사용한다.

성육신의 하나님은 저 높은 곳에 앉아 있는 엄한 표정의 제우스(Zeus)나 토르(Thor, 북유럽 신화에 나오는 뇌신(雷神) - 역자 주)가 아니다. 그분은 향기롭고 사랑이 많으시고 의롭고 친근한 하나님이시다. 동시에 아무도 "가까이 가지 못할 빛에 거하시고"(딤전 6:16) 그분의 원수들에게 두려움을 불러일으키신다. 이런 분이 바로 우리가 숭모하는 하나님이시다.

"저는 너의 주(主)시니 너는 저를 경배할지어다"(시 45:11).

우리가 예배에 대하여 설교하겠다고 알리기만 해도 하늘나라의 천사들이 날개를 흔들며 목소리를 높여 찬양을 시작할 것이다. 왜냐하면 천국은 하나님을 예배하기 위해 존재하기 때문이다. 하늘나라에서 흘러나오는 대기와 미풍으로 우리는 하나님을 향한 예배의 분위기를 물씬 느낄 수 있다.

이 세상을 건강하게 만드는 것도 예배이다. 지성을 갖춘 도덕적 피조물들이 서로 화합하여 드리는 예배는 피조물 전체의 교향악이다. 그러나 예배가 없는 곳에서는 끊어진 현(絃)과 불화만 있을 뿐이다. 구속(救贖)받은 온 우주가 다시 모여서 온전히 한 목소리로 즐겁게 자발적으로 하나님을 예배할 때 우리는 새로운 피조세계, 즉 새 하늘과 새 땅을 보게 될 것이다.

그러나 그때가 올 때까지는 아직 새로운 피조세계에 사는 것이 아니기 때문에 우리는 '예배하라'는 하나님의 명령에 복종하여 하나님을 예배해야 한다. 그렇기 때문에 성경은 "저는 너의 주(主)시니 너는 저를 경배할지어다"(시 45:11)라고 명령한다.

전폭적인 하나님 경배

예배가 우리의 모든 것이 되어야 한다. 이것은 무슨 말인가? 이것은 우리의 삶 전체가 하나님을 예배해야 한다는 말이다. 우리의 전 인격을 다 바쳐 예배하지 않으면 우리의 예배는 온전한 예배가 되지 못한다. 신앙, 사랑, 순종, 충성, 고결한 행위와 삶, 우리는 이런 것들을 모두 번제(燔祭)로 드려서 하나님을 예배해야 한다. 만일 내 안에 하나님을 예배하지 않는 것이 조금이라도 있다면, 그것은 하나님을 온전히 예배하지 못한 것이 된다.

하나님이 불완전한 예배를 받지 않으실 것이라고 말하는 것은 아니다. 만일 그렇다면, 그분은 나의 예배 또한 받지 않으실 것이다. 만일 그렇다면, 우리는 모두 "버드나무에 수금을 걸었나니 … 어찌 여호와의 노래를 부를꼬"(시 137:2,4)라고 말해야 할 것이다. 하나님이 우리에게 원하시는 것은 우리가 모든 정성을 다해 최대한 온전한 예배를 드리는 것이다. 다시 한 번 말하지만, 내 존재의 어느 한 부분이라도 '하나님'을 예배하지 않는다면, 그리고 그로 인하여 내 존재의 모든 부분이 서로 화합하지 못한다면, 나는 하나님을 온전히 예배하는 것이 아니다.

오늘날 신앙인들 사이에 큰 착각이 만연해 있다. 어떤 사람들은 '장엄함을 느끼는 것이 예배'라고 믿는다. 나는 명예신학 박사 학위를 가진 어떤 이가 쓴 「자연의 신비」라는 책을 우연히 읽은 적이 있다. 그런데 그것은 참으로 이해하기 힘든 책이었다. 비단 심오한 내용을 담고 있기 때문이 아니라 내가 그 내용에 동의하지 않기 때문이다. 차라리 그는 그 책을 쓰지 않았더라면 더 좋을 뻔했다. 그 책에서 그는 단지 장엄함에 대해서만 말한다. 예수 그리스도, 하나님, 그리스도의 보혈, 그분의 성육신에 대해서는 언급하지 않는다. 그의 말에 따르면, 쉽사리 감상에 젖는 시인처럼 집 밖으로 나가서 밤하늘의 별을 올려다보며 장엄함을 느끼는 것이 바로 '예배'라는 말이 된다. 다시 한 번 말하지만, 나는 그의 견해에 동의하지 않는다.

완전히 부패하여 죄악의 구렁텅이에서 헤어나지 못하는 사람도 산지에서 뇌우(雷雨)를 만날 때, 폭풍우 치는 날 해변에

서서 높은 파도 소리를 들을 때, 별들이 밤하늘에서 은빛으로 찬란히 빛날 때 장엄함을 느낄 수 있다. 수많은 촛불이 끊임없이 흔들리고, 일반 사람들이 감히 들어갈 수 없는 영역이 있는 대성당에 들어설 때, 사람들은 외경심(畏敬心)과 장엄함을 느낀다. 예배가 있는 곳에서 외경심과 장엄함을 느낀다면, 그것들이 예배의 요소일 수는 있다. 그러나 외경심을 느끼는 사람들이 모두 '하나님'을 예배하는 것은 아니다. 장엄함을 느끼면서도 하나님을 경배하지 않는 사람들도 있다.

시인들은 장엄함을 체감하는 능력이 어느 누구보다 더 발달해 있다. 그러나 그들은 하나님이 존재하지 않는다는 글을 서슴없이 발표한다. 로마의 시인 루크레티우스(Lucretius)는 사물의 본질을 논하는 그의 역작에서 아주 아름다운 글귀를 남겼다. 그러나 그는 하나님을 향한 신앙을 단호히 거부했다. 아무리 감수성이 예민하고 자연에서 장엄함을 느낀다고 해도 하나님을 믿지 않는 사람은 그분을 예배할 수 없다.

예배 아닌 것을 예배로 착각하는 사람들

귀가 얇은 어떤 사람들은 "형제여, 잠깐만! 너무 그렇게 편협하게 생각하지 맙시다. 우리가 하나님을 예배하고 있지만 예배하고 있다는 사실을 모를 수도 있는 것 아닙니까?"라고 말할지도 모른다. 그런 사람들은 자신들의 견해를 정당화하기 위해서 성경에서 근거를 찾으려고 시도할지도 모른다. 그러나 분명히 말하지만 그것은 불가능하다. 당신이 하나님의 존재를 믿지 않으면서 하나님을 예배한다는 것은 불가능하다.

죽음을 목전에 두었다거나 놀라운 자연현상에 직면했거나 밤의 적막 앞에 섰을 때 느끼는 두려움은 자연스러운 것이지만 반드시 영적인 것은 아니다(물론, 때에 따라서는 영적인 것일 수도 있음을 나는 부인하지 않는다). 적막 속에서나 폭풍우 속에서 하나님을 예배할 수 있는 사람은 살아 계신 하나님을 만나서 성령(聖靈)으로 충만한 사람이다. 스펄전(C. H. Spurgeon)은 적막과 폭풍우 속에서 만날 수 있는 하나님에 대해서 위대한 설교를 했다. 하나님을 아는 사람은 어디에서나 그분을 발견한다. 그러나 그분을 모르는 사람은 '영적 예배'의 경지에 다다르지 못하고 단지 '자연 숭배'에서 이런저런 다양한 감정을 느낄 뿐이다.

다시 한 번 반복하지만, 하나님을 불쾌하게 만드는 것이 우리 안에 전혀 없을 때까지는 어떤 예배도 하나님을 온전히 기쁘게 해드릴 수 없다. 나의 이 말을 듣고 누군가 실망에 빠진다고 해도 나는 내 말을 철회하고 싶은 생각이 없다. 사실, 우리 가운데 어떤 사람은 착각에서 헤어나기 위해 실망할 필요가 있다. 예를 들어보자. 여기 한 어린 소년이 있는데, 그는 자기가 슈퍼맨이라고 믿으면서 집안 여기저기를 뛰어다닌다. 그가 열 살이 될 때까지도 그렇게 할 수 있을 것이다. 그러나 그가 열여덟 살이 된 다음에도 계속 슈퍼맨인 것처럼 행동한다면 누군가 그를 환상에서 깨어나게 해야 할 것이다. 환상에서 깨어날 때 그는 실망할지도 모른다. 그래도 그에게 필요한 것은 거짓 위로가 아니라 환상에서 깨어나는 일이다.

아득한 원시시대에 사람들은 태양과 별들을 숭배했다. 그들은 무릎을 꿇고 수풀과 나무를 향해 기도했다. 그러나 지금 우리는 원시시대가 아닌 성숙한 역사의 단계에 살고 있다. 기독교는 이 세상에서 수천 년간 내려왔다. 과학, 철학, 교육 등의 발전에 힘입어 우리는 적어도 우리가 슈퍼맨이 아니라는 것을 알 정도는 되었다. 우리가 그리스도인이 아니라 할지라도 우리는 그 정도는 알고 있다. 우리는 하나님을 예배하는 것이 아니면서도 하나님을 예배한다고 착각하는 사람들을 위로해서는 안 된다. 그 대신 우리는 그들이 하나님께서 받으실 만한 예배를 드리는 것이 아님을 지적하여 그들을 착각에서 구출해주어야 한다.

마술적 힘에 대한 유혹

신앙에서 마술적 힘을 기대해서는 안 된다. 당신이 예수님의 이름을 수천 번 반복한다 할지라도, 당신이 예수님의 뜻에 따라 살지 않으면 그것은 아무 의미가 없는 일이다. 하나님을 예배하면서 우리의 뜻대로 사는 것은 있을 수 없는 일이다. 하나님의 이름이 우리 안에서 강력하게 역사하려면 하나님의 뜻과 우리의 뜻이 조화를 이루어야 한다. 사사기 13장 25절을 보면 삼손에 대한 특별한 기록이 나온다.

"소라와 에스다올 사이 마하네단에서 여호와의 신(神)이 비로소 그에게 감동하시니라."

그렇다. 여호와의 신이 때때로 우리를 감동시키셔서 우리가 참예배를 드릴 수 있는 것이다. 동쪽을 보고 기도한 후 서쪽으로 가면서 마음이 편하기를 바라는 것은 잘못이다. 사랑하는 마음으로 기도하고 미워하는 마음으로 살면서 자신이 하나님을 예배한다고 믿는 것은 착각이다.

구약시대에 대제사장은 향을 들고 성소로 들어가 휘장 뒤로 가서 향을 피웠다. 그 시대에 고무가 있었다고 가정해보자. 내가 아는 한, 불에 탈 때 가장 고약한 냄새를 풍기는 것이 고무이다. 그런데 대제사장이 향과 고무 조각을 함께 태웠다고 가정해보자. 향긋한 향기는 온데간데없고, 검은 연기를 풍기는 고

무에서 나오는 역한 냄새가 진동할 것이다. 제사장이 향기로운 제사의 요소에 악취를 풍기는 요소를 덧붙인다면 어떻게 올바른 제사를 드릴 수 있겠는가?

우리의 마음속에 향기가 아닌 악취를 풍기는 것이 있다면 어떻게 하나님이 받으실 만한 예배를 드릴 수 있겠는가? 훈련되지 못하고 교정되지 못하고 정화되지 못하고 순화되지 못한 것이 우리의 본성에 남았다면 우리가 어떻게 하나님이 받으실 만한 예배를 드릴 수 있겠는가? 그런 것들은 올바른 예배를 방해한다. 마음속에 불순한 요소를 가진 사람이 어떻게 해서 부분적으로나마 하나님이 받으실 만한 예배를 드릴 수 있다고 해도, 그것은 올바른 삶의 태도가 아니다.

만일 당신이 일주일의 7일간 하나님을 예배하지 않는다면 당신은 일주일에 단 하루도 하나님을 예배하지 않는 것이다. 주일예배 후에 월요일 예배, 화요일 예배, 수요일 예배 등으로 삶의 예배가 계속 이어지지 않는다면 주일예배도 의미가 없다.

일주일에 오직 주일 하루, 그것도 교회에 한 번 가는 것으로 자신의 의무를 다했다고 믿는 사람들이 너무나 많다. 개중에는 주일에 교회에 두 번 가는 사람들도 있는데, 그들은 자신들이 대단한 일을 하는 것처럼 그것을 아주 자랑스러워한다. 그러나 한 번 가든 두 번 가든, 그것은 모두 동일한 날에 이루어지는 것이다.

어차피 주일은 온전히 '예배드리는 날'이 아닌가? 내가 하고 싶은 말은, 만일 월요일부터 토요일까지 계속 삶의 예배가 이어지지 않는다면 주일의 공예배 또한 참예배가 아니라는 것이다.

그렇다면 월요일부터 토요일까지의 예배는 무엇인가? 나는 반드시 교회에 가서 예배드리는 것만을 의미하여 말하지 않았다. 우리는 책상에서, 철로를 달리는 기차 안에서, 수많은 차들 틈에 끼어 운전하면서, 설거지하면서, 다리미질을 하면서, 학교에서, 농구장에서 하나님을 예배할 수 있다. 우리가 하는 활동이 정당하고 선하고 올바르다면 그 활동 속에서 하나님을 예배할 수 있다.

예수님은 습관을 따라 안식일에 회당이나 성전에 가셨다. 물론 다른 날에는 목수로서 일하셨다. 육신의 아버지와 함께 대패질하고 톱질하고 못을 박으셨다. 그분 자신이 유대인이셨기 때문에 다른 유대인들과 마찬가지로 일주일에 한 번 가서 예배하셨다. 경우에 따라서 일주일 연속 예배를 드리러 가신 적도 있다. 하지만 평소에는 일주일에 하루만 성전에 가서 예배하셨다.

우리는 교회에 가서 예배한다. 그러나 주일에 교회에 가서 예배한 후 그 다음 주일이 돌아오기까지 6일 동안 계속해서 우리의 예배가 이어지지 않는다면 주일에 드리는 예배는 참예배가 아니다. 우리 안의 모든 것들이 하나님을 예배하기까지 우리는 쉬어서는 안 된다.

나의 생각까지 하나님의 성소가 되도록

때때로 나는 영적으로 '고원(高原) 현상'을 경험한다. 거기서 나는 내가 올라갈 수 있을 만큼 최대한 올라간 것 같고, 더 이상 배울 것이 없는 것 같다고 느낀다. 다시 말해서 일종의 정체기(停滯期)에 빠지는 것이다. 나의 수용 능력은 한계에 다다랐고 더 이상의 진보가 이루어지지 않는다. 나는 계속 허공을 치고 있을 뿐이다. 그럴 때 하나님이 나를 도우신다. 그러면 나는 새로운 단계로 올라선다. 최근에 나는 이처럼 새로운 단계에 올라섰다고 느낀 적이 있다. 이 체험에 대해 이야기하고 싶다.

최근에 나는 나의 '생각'이 얼마나 중요한지 깨달았다. 반드시 '행위로' 잘못을 범해야만 죄책감을 느껴 회개하는 것은 아니다. 단지 잘못된 '생각만으로도' 나는 하나님과의 교제, 그분의 임재(臨在)에 대한 느낌, 또한 영적 감각을 잃어버릴 수 있다. 하나님은 나에게 "나는 너의 생각 안에 거한다. 내가 거할 수 있도록 너의 생각까지 성소(聖所)가 되도록 노력하라"라고 줄곧 말씀해주셨다. 우리는 우리의 마음을 완전히 통제할 수 없다. 왜냐하면 그것은 너무 깊기 때문이다. 그러나 우리는 우리의 생각을 통제할 수 있다.

그렇기 때문에 나는 나의 생각을 늘 올바르게 하려고 노력해 왔다. 나를 싫어하는 사람 또는 내가 싫어하는 사람이 생각나면 나는 언제나 그 사람에 대해 우호적으로 생각하고 즐겁게 받아들이려고 노력했다. 이는 하나님이 내 생각 안에 거하시도록 하기 위해서이다.

하나님은 악의에 차고, 더럽고, 정욕적이며 탐욕적인 생각, 그리고 교만한 생각 안에는 거하지 않으신다. 그분은 오직 온유하고 순수하고 친절하고 깨끗하고 남들을 사랑하는 생각 안에만 거하신다. 적극적인 생각, 심지어 공격적이고 다투는 생각이라도 그것이 하나님의 뜻을 따르는 순수한 생각이라면 그분은 그 생각 안에도 거하신다. 하나님은 그런 생각을 성소로 삼아 거하신다.

당신의 영적 체험의 기초는 당신의 신학이다. 즉, 당신의 신학의 기초 위에서 당신의 영적 체험이 성립한다. 주음(主音)이 되는 높고 맑은 종소리는 편종(編鐘, 여러 개의 종들을 매달아놓고 두드려서 소리를 내는 악기 - 역자 주)들이 있어야 가능하다. 다시 말해서, 주음이 되는 종소리는 편종들이 울리는 소리를 배경으로 울려 퍼진다. 우리의 생각이란 바로 이 편종과 같다. 우리가 우리의 생각을 늘 순수하게 간직한다면, "거룩, 거룩, 거룩"이라는 아름다운 종악(鐘樂)이 아침 공기를 가르며 울려 퍼질 것이다.

당신의 생각이 하나님이 거하실 수 있는 성소가 되도록 하라. 삶의 어떤 부분에서도 그분의 영광을 해치지 않도록 노력하라. 한 발짝 내디딜 만한 작은 땅까지도 전부 거룩하게 하라. 모든 시간과 장소를 하나님께 넘겨드려라. 그러면 당신은 그분을 올바르게 예배할 것이고, 그분은 그 예배를 받으실 것이다.

가장 매력적인 사실은, 설령 당신의 예배가 하나님께 상달된다는 것을 모를지라도 하나님이 당신의 예배를 받으신다는 점이다. 당신이 세상살이의 걱정과 근심에 눌려서 꼼짝 못할 때, 전화벨이 울리고 약속 시간에 쫓겨 잠깐이라도 하나님을 생각할 시간이 없을 때에도, 하나님은 순수한 동기에서 피어오르는 당신의 향(香)을 맡으실 것이다. 모든 것을 바쳐 하나님을 예배하고자 하는 당신의 마음을 하나님이 아신다면, 일시적으로 세상일에 정신을 빼앗긴다 할지라도 하나님은 순수한 동기에서 피어나는 당신의 향내를 맡으실 것이다.

이렇게 되려면 우리가 하나님께 순종해야 한다. 하나님이 우리에게 속죄, 사랑, 은혜, 약속, 그리고 성령님을 주셨으므로 우리는 굳게 결심하여 그분을 찾고 믿고 순종해야 한다. 그렇게 될 때 우리의 마음은 성소가 될 것이며, 그 성소에서 하나님께서 받으실 만한 성찬과 예배를 통한 교제가 끊임없이 일어날 것이다. 그렇게 될 때 당신이 이 세상에서 여러 가지 활동에 몰입해 있는 순간에도, 당신의 모든 삶은 하나님을 기쁘시게 해 드리는 향기로운 예배의 제단이 될 것이다.

TOZER ON WORSHIP AND ENTERTAINMENT

우리는 예배드리기 위해 구원받았다

2장

우리는 예배를 드리기 위해서 구원받았다. 그리스도께서 과거에 하신 모든 것, 그리고 지금 하고 계신 모든 것은 바로 이 한 가지 목적을 위해서이다. 우리가 주장하는 대로 우리가 신자라면, 우리는 하나님을 예배해야 한다.

인간의 존재 이유

하나님의 창조의 첫째 목적은 도덕적 존재를 영적으로, 또한 지적(知的)으로 준비시켜서 하나님을 예배할 수 있도록 만드는 데 있었다. 이것은 여러 세기 동안 줄곧 신학자들과 성경 해석자들이 동의해온 것으로 굳이 내가 여기에서 논증하려고 시도하지 않겠다. 성경은 이것을 너무나 분명히 가르치고 있고, 성도들은 그들의 삶을 통하여 이것을 풍성하게 드러낸다. 그러므로 우리는 이것을 당연한 전제로 받아들이며, 이 전제에 근거하여 이야기를 계속하려고 한다.

내가 지금 하려는 말이 당신에게 조금은 이상하게 들릴지도 모른다. 사실, 말하는 나 자신도 이상하게 느껴지는 것이 사실이다. 왜냐하면 기독교인들이 이런 이야기를 듣는 데 익숙하지 않기 때문이다. 우리는 예배를 드리기 위해서 구원받았다. 그리스도께서 과거에 하신 모든 것, 그리고 지금 하고 계신 모든 것은 바로 이 한 가지 목적을 위해서이다.

우리는 참된 예배를 드려야 한다. 하나님께서 그분 자신이 말씀하는 그런 분이라면, 그리고 우리가 주장하는 대로 우리가 신자라면, 우리는 하나님을 예배해야 한다. 위로부터의 신생(新生), 즉 하나님 자신의 거룩한 영으로 말미암는 중생(重生)을 통하여 하나님을 만나는 개인적 체험이 없는 사람은 그분을 숭모(崇慕)하며 예배하는 데서 아무런 기쁨을 느끼지 못할 것이다.

우리가 예배할 때 하나님의 사랑이 우리 안에 있고, 그분의 영이 우리 안에 찬양을 불어넣어주신다면, 천국의 모든 악기들 또한 재빨리 연주를 시작하여 우리를 완벽하게 도와줄 것이다.

예배를 사모하는 자들

내 삶 속에 하나님을 기쁘게 해드리지 못하는 것들이 있다면 나는 온전히 하나님을 기쁘게 해드리는 예배를 드릴 수 없다. 주일에 참되고 즐거운 마음으로 하나님을 예배하고 월요일에 하나님을 예배하지 않는다면 주일예배는 결국 진정한 예배가 아니다. 주일에 기쁨에 찬 찬송가를 부르며 예배한 후 월요일과 화요일에 사업상의 문제로 하나님을 불쾌하게 해드린다면, 주일 예배는 의미가 없다. 이제 나는 다시 한 번 나의 예배관을 밝히려고 한다. 하나님을 불쾌하게 해드리는 것이 내 안에 전혀 없어야 비로소 나의 예배가 그분을 온전히 기쁘게 해드릴 수 있다.

예배의 매력은 예배를 통해서 우리가 하나님의 일에 온전히 정신을 집중할 수 있다는 것이다. 사도 바울 이후 지금까지 그리스도의 교회에서 이루어진 모든 위대한 일들은 예배를 지극히 사모한 사람들에 의해서 이루어졌다. 교회의 역사를 살펴보건대, 예배를 사모하고 갈망했던 사람들이 큰일을 이루어냈다는 것을 알 수 있다. 아름다운 곡조의 찬송가를 남긴 위대한 성도들의 신앙을 살펴보면 그들이 매우 역동적인 신앙생활을 해나갔다는 것을 알 수 있다. 그래서 우리는 "저렇게 역동적인 사람들이 어떻게 이런 부드러운 곡을 만들 수 있을까?"라고 묻지 않을 수 없다. 대형 병원들이 예배를 사모하고 환자들을 긍휼히 여기는 사람들에 의해서 세워졌다. 교회가 잠에서 깨어나 무기력한 상태에서 벗어난 후 영적으로 새롭게 되어 부흥한 경우를 보라. 그 뒤에는 반드시 예배를 사모하는 자들이 있었다.

오늘날 우리의 교회에는 부족한 것이 거의 없다. 그런데 문제는 가장 중요한 것이 빠져 있다는 사실이다. 우리에게 없는 것은 우리 자신을 참되고 거룩하게 드리려는 결단과 우리 주 예수 그리스도의 아버지, 즉 하나님을 위한 예배이다.

우리가 진정한 예배자들 가운데 있다면 우리는 육적이고 세상적인 종교 프로젝트에 시간을 낭비하지 않을 것이다.

하나님이 우리를 구원하신 것은 신자 개개인이 활력 넘치는 하나님의 자녀가 되고, 전심으로 그분을 사랑하고 그분을 거룩하고 아름답게 예배하도록 하기 위해서이다. 나의 이 말이 우리 모두가 똑같은 방식으로 예배해야 한다는 뜻은 아니다. 성령님은 어떤 사람의 선입견에 따른 고정된 형식에 의해 역사하시는 분이 아니다. 성령님이 우리 가운데 오셔서 기름을 부으실 때 우리는 사람들을 사랑하게 된다. 나의 이 말이 이상하다고 느껴지거나 받아들이기 힘들다고 생각하는 사람이 있을지도 모르겠다. 그러나 우리가 은혜와 사랑과 자비와 진리의 하나님을 숭모하며 예배할 때 우리는 다른 사람들을 존중하고 기쁘게 해주게 된다.

중요한 것을 먼저!

우리는 모두 주님을 위해 기꺼이 일할 자세가 되어 있어야 한다. 그러나 우리의 자세보다 더 중요한 것은 하나님의 은혜이다. 하나님을 위해서 일하려고 하는 자는 무엇보다 우선 하나님을 예배하는 것이 어떤 의미를 갖는지, 그것이 얼마나 즐거운 일인지 알아야 한다. 예배를 드릴 줄 아는 자가 주를 위하여 일하면 그의 사역은 영원한 가치를 지니게 된다.

그러나 예배하지 않고 주님을 위해 일하는 자는 하나님이 온 세상을 불태우시는 날, 그때 타버리고 말 나무와 건초와 그루터기를 쌓아놓을 뿐이다. 그리스도를 믿는다고 고백하는 많은 사람들이 자신의 '바쁜 스케줄'에 대해 지적하는 소리를 듣기 싫어한다는 것은 참으로 유감스러운 일이 아닐 수 없다. 하나님은 자신이 우리를 창조하신 본래의 목적을 위해 우리를 다시 부르고 계신다. 그 본래의 목적이란 하나님을 예배하며 하나님을 영원히 즐거워하는 것이다. 우리가 전심으로 참예배를 드린 후에야 비로소 하나님의 일을 하는 것이 올바른 순서이다. 하나님의 계시의 말씀의 권위에 근거하여 나는 분명히 말한다. 예배를 지겨워하는 사람은 아직도 천국에 갈 준비가 되어 있지 않은 사람이다!

나는 우리가 참예배를 다시금 회복하기를 간절히 바란다. 그렇게 될 때 비로소 사람들은 교회에 오면 자신들이 성도, 즉 '하나님의 백성'이라는 사실을 체감하며, "정말 하나님이 이곳에 계시다"라고 고백할 것이다.

　하나님을 향한 신자의 태도, 즉 마음의 상태가 한결같을 때 참예배가 가능하다. 물론 이 세상에서는 예배의 완전성과 열기(熱氣)가 언제나 동일할 수 없다. 다시 말해서 기복이 있다는 말이다. 그렇지만 무엇보다 온전히 하나님을 사랑하고 숭모하고 감사하는 마음으로 예배할 때 참예배가 가능하다.

　예배의 형식과 방법에는 다양한 종류가 있을 수 있다고 믿고 싶은 사람들이 많은 것은 사실이다. 그러나 하나님은 영(靈)이시기 때문에 예배하는 자가 신령과 진정으로 예배해야 한다고 계시를 통해 분명히 말씀하셨다. 하나님은 예배를 인간들의 손에 맡겨두지 않으신다. 그것을 성령님이 주관하시도록 하신다.

　우리는 하나님을 신령과 진정으로 겸손히 예배해야 한다. 이제 우리 각 사람은 "그리스도인의 삶 가운데 성령님의 임재와 능력이란 있어도 되고 없어도 되는 사치품 같은 것인가? 아니면 반드시 있어야만 하는 필수품인가?"라고 자신에게 묻고 답해야 한다.

　사랑이 많으신 하나님을 예배하는 것이야말로 인간이 존재하는 이유의 전부이다. 우리는 예배를 위해 태어났다. 우리의 영혼은 위로부터 거듭났다. 우리는 예배를 위해 창조되었고, 그리스도 안에서 재창조되었다. 예배를 위해 태초가 있고, '중생'(重生)이라는 새로운 시작이 있었다. 예배를 위해 교회가 존재한다. 교회는 무엇보다도 하나님을 예배하기 위해 존재한다. 예배 이외의 다른 것들은 모두 두 번째, 세 번째, 네 번째, 혹은 다섯 번째의 일이다.

언제나 예배는 우리 마음의 내적인 태도에서부터 비롯된다. 예배에는 정신적, 영적, 감정적인 요소가 포함된다. 때로는 깊은 경이(驚異)와 사랑을 느끼며 예배를 드리기도 한다. 또 어떤 때에는 상대적으로 경이와 사랑을 덜 느끼며 예배하기도 할 것이다. 그러나 만일 주님을 참으로 예배하려 한다면, 예배에 임하는 우리의 마음 상태와 태도는 언제나 동일해야 한다.

무엇보다도 참예배는 우리 주 하나님에 대한 감정이다. 감정은 우리의 마음 안에서 느끼는 것이다. 우리는 그 감정을 적절하게 여러 가지 방법으로 표현할 수 있다. 그러나 어떤 방법이든지 간에 우리가 하나님을 사랑하고 성령님의 인도를 받는다면, 예배는 우리에게 감탄과 경외와 진실한 겸손과 기쁨을 가져다줄 것이다.

교만한 마귀가 하나님이 받으실 만한 예배를 드릴 수 없듯이 교만한 사람도 그분이 받으실 만한 예배를 드릴 수 없다. 신령과 진정으로 예배하려는 사람의 마음은 겸손해야 한다.

형식이 다른 여러 가지 찬송가를 부르는 일은 얼마든지 가능하다. 그러나 예배에 온전히 몰두하는 사람들은 언제나 "하나님이여 주는 나의 하나님이시라 내가 간절히 주를 찾되 … 내 영혼이 주를 갈망하며 내 육체가 주를 앙모하나이다"(시 63:1)라고 부르짖을 것이다. 예배는 예배하는 자와 하나님이 사랑 안에서 온전히 인격적으로 만나는 체험이다. 다윗, 이사야, 바울이 이런 체험을 했다. 하나님을 소유하려는 열망에 불탔던 사람들은 모두 이런 체험을 했다.

참예배를 위해 우리에게 정말 필요한 것은 성령님이 찾아오시는 일이다. 왜냐하면 그분이 찾아오셔서 예배의 영을 허락하셔야 우리가 참예배를 드릴 수 있기 때문이다.

일보다 예배가 먼저이다

사도 바울 이후로 지금까지 영적으로 위대한 일을 이룬 사람은 모두 영적인 체험을 통해 참예배자가 된 사람들이다. 만일 우리가 예배자가 아니라면, 우리는 원을 그리며 빙빙 돌기만 하다가 결국 아무 데도 이르지 못하는 '종교적인 춤을 추는 쥐'에 불과할 것이다.

하나님은 무엇보다도 예배자를 원하신다. 예수님이 우리를 구속(救贖)하신 것은 우선 우리가 예배자가 되도록 하기 위해서이지, 일꾼이 되도록 하기 위해서가 아니다. 예배를 사모하고 갈망하는 사람만이 훌륭한 일꾼이 될 수 있다.

이스라엘이 그 역사를 시작할 수 있었던 것도 하나님의 능력이 폭발적으로 일어났기 때문이다. 하나님은 이스라엘 자손을 애굽에서 이끌어내어 구름기둥과 불기둥으로 인도하여 거룩한 땅에 들어가게 하셨다. 그 과정에서 하나님은 연속적으로 기적을 일으키셨으며, 은혜 위에 은혜를 부어주셨다. 이 과정에서 마치 '박동하는 심장'처럼 그 중심이 되었던 것 역시 믿음과 사랑과 예배였다.

예배는 감탄과 경외(敬畏)를 겸손히 기쁨으로 느끼고 그 느낌을 적절한 방법으로 표현하는 것이다. 예배는 우리를 겸손하게 만든다. 교만한 마귀가 하나님을 예배할 수 없듯이, 교만한 사람은 하나님을 예배할 수 없다. 예배할 수 있으려면 우선 마음속에 '겸손'이 생겨야 한다. 또한 예배에는 '신비'라는 요소가 있어야 한다. 만일 신비가 없다면 예배도 없다. 만일 하나님을 다 이해할 수 있다면 나는 그분을 예배하지 않을 것이다.

하나님은 우리가 하나님을 예배하기 원하신다. 하나님은 부족함이 없으신 분이기 때문에 다른 것들은 원하지 않으시지만 그런데도 원하시는 것이 바로 예배자들이다. 그분은 피조물이 아니기 때문에 부족함이 없지만 그런데도 우리가 예배하기를 원하신다.

만일 인간이 타락하지 않았다면, 예배는 인간에게 이 세상에서 가장 자연스러운 일이 되었을 것이다. 왜냐하면 본래 하나님은 인간을 예배자로 창조하셨기 때문이다.

예배가 부자연스럽다고 느끼는 것은 소수의 사람만이 예배를 드리기 때문이다. 그러나 사실 예배는 자연스러운 것이다. 왜냐하면 하나님이 본래 우리를 창조하신 목적이 우리가 하나님을 예배하도록 하는 것이기 때문이다. 하나님의 창조 목적은 우리가 하나님을 예배하고 영원히 즐거워하는 것이다.

사람들이 하나님을 찾지 못하고, 중생(重生)을 모르고, 성령님이 그들 위에 계시지 않다고 할지라도 그들은 무언가를 예배하고 싶은 뿌리 깊은 본능을 소유한다. 그러므로 그들이 제대로 교육을 받지 못한 미개인들이라면, 아마 무언가를 예배하느라 닭을 죽여서 머리에 괴상한 것을 뒤집어쓰고 빙빙 돌며 춤을 출 것이다.

예수 그리스도가 동정녀 마리아에게 나시고 본디오 빌라도에게 고난을 받아 십자가에서 죽으시고 장사되신 이유가 무엇인가? 그분이 죽음의 고통을 이기고 무덤에서 부활하신 이유가 무엇인가? 그것은 모두 하나님께 반역하는 자들을 예배자로 바꾸시기 위함이었다.

예배는 그리스도인들이 당연히 행해야 할 의무인데도, 유감스럽게 복음주의 진영의 신자들조차 이 '예배'라는 보석을 잃어버리고 말았다.

하나님은 우리가 하나님을 예배하기 원하신다. 그리고 뜨거운 예배를 통해서 힘을 얻은 우리가 하나님을 위해 열심히 일하기를 원하신다. 그러므로 하나님은 우리가 이 순서를 바꾸어서 먼저 일부터 하려고 드는 아마추어가 되기를 원치 않으신다.

만일 당신이 예배를 지겨워한다면 당신은 아직 천국에 갈 준비가 되어 있지 않은 것이다. 예배는 도덕적 존재라면 당연히 해야 하는 정상적 활동이다. 잠깐이라도 천국에 대해 생각해본다면, 거기에서는 누구나 모든 피조물들이 하나님을 예배한다는 것을 쉽게 알 수 있을 것이다.

하나님은 일꾼을 갖기보다 예배자를 갖기 원하신다. 그런데도 우리는 하나님이 일손이 달리는 공사장의 현장 주임처럼 우리에게 도움을 요청하는 분이라고 착각할 정도로 타락했다. 우리는 그분이 길가에 서서 '얼마나 많은 사람들이 와서 내 일을 위해 수고할까?'라고 고민하시리라고 착각한다. 그러나 하나님은 우리의 도움이 전혀 없다고 해도 얼마든지 자신의 일을 이루실 분이시다. 하나님이 먼저 원하시는 것은 예배자이다.

하나님의 진리를 믿고 순종하는 사람이 성령으로 충만할 때, 충심에서 우러나는 그의 가장 작은 속삭임 역시 예배이다. 만일 우리가 성령충만하고 진리에 복종한다면 우리는 어떤 수단을 통해서라도 하나님을 예배할 수 있다. 그러나 우리가 진리에 순종하지 않고 성령충만하지 않다면 우리의 예배는 전혀 예배가 아니다.

오늘날 우리에게는 모든 것이 있으나 예배가 없다. 기도회에는 참석하지 않으면서, 단지 교회 운영위원회에 참여하여 교회의 예산을 얼마나 지출해야 할지 계산하는 사람이 있을 뿐이다. 이런 사람들은 단지 교회를 운영하는 사람으로 우리는 그를 기도회에 참석하게 만들 수 없다. 왜냐하면 그는 예배자가 아니기 때문이다. 기도하지 않고 예배도 드리지 않는 사람들이 교회를 운영하고 이끌고 나간다는 것은 참으로 무서운 모순이다. 교회 운영위원회에 속한 사람이 기도하지 않는다면, 그는 교회의 현안에 대해 토론하고 투표할 자격이 없다. 우리는 대개 여자들은 기도하고 남자들을 투표하게 만드는 경향이 있다. 그러나 이것은 크게 잘못된 일이다.

이렇게 예배하라

예배의 요소 중 한 가지는 '하나님의 성품에 대한 무한한 신뢰'이다. 오늘날 예배가 제대로 이루어지지 않는 이유는 우리가 하나님을 존중하지 않기 때문이다. 우리가 하나님을 이런저런 모습으로 바꾸어놓았기 때문에 우리는 더 이상 이사야 선지자처럼 "높이 들린 보좌에 앉으신"(사 6:1) 하나님을 보지 못한다. 사람들의 마음속에서 본래의 하나님이 다른 모습으로 바뀌었기 때문에, 그들에게는 과거 신앙의 위인들처럼 하나님의 성품에 대한 무한한 신뢰가 없다. 신뢰가 없으면 존경심도 생기지 않는 법이다.

만일 어떤 사람이 우리를 속이고 위해를 가하려 한다고 믿을 만한 충분한 이유가 있다면, 그런 사람과 함께 앉아서 교제를 나누는 것이 가능하겠는가? 하나님에 대해서도 마찬가지이다. 하나님을 신뢰하지 않는 사람은 하나님을 존경할 수 없고, 하나님을 존경하지 않는 사람은 하나님을 예배할 수 없다. 교회에서 예배가 사느냐 죽느냐 하는 것은 하나님을 존경하느냐 그렇지 않느냐에 따라 결정된다.

우리는 하나님의 집에 와서 "주께서 성전에 계시다. 주님 앞에 무릎을 꿇자"라고 말한다. 좋은 말이다. 때때로 이렇게 예배를 시작하는 것이 좋다고 생각한다. 그러나 만일 우리가 월요일 아침 9시에 사무실에 들어가서 "주께서 내 사무실 안에 계시다. 온 세상은 주님 앞에서 잠잠할지어다"라고 말할 수 없다면, 우리는 주일에 진정으로 하나님을 예배한 것이 아니다. 다시 말해서, 우리가 월요일에 하나님을 예배할 수 없다면 우리는 주일에 하나님을 예배한 것이 아니다. 우리가 토요일에 하나님을 예배하지 않으면 우리는 주일에 하나님을 예배할 준비가 제대로 되어 있지 않은 것이다.

하나님은 영(靈)이시다. 예배는 그분의 속성(屬性)과 부합해야 한다. 다시 말해서 우리는 그분의 본질에 따라 예배해야 하며, 그것을 벗어나서 예배해서는 안 된다.

'영성'(靈性)은 예배의 한 요소이다. 그러므로 영성이 없다면 하나님이 받으시는 예배를 드릴 수 없다. 아무리 많이 예배를 드린다 할지라도 하나님이 그것을 받지 않으신다면, 우리는 헛된 예배를 드리는 것이므로, 차라리 드리지 않는 편이 낫다.

예배의 두 번째 요소는 '진실성'이다. 진실성이라 함은 겉치레뿐인 형식이나 거짓된 가식이 아니라는 뜻이다.

'정직'은 예배의 세 번째 요소이다. 모든 기도에는 정직이 내재(內在)해야 한다. 정직은 단순히 '점잖게 예의를 지키는 것' 이상을 말한다. 우리는 하나님 앞에서 완전히 절대적으로 정직해야 한다.

모든 교회는 교인 전체가 당연히 해야 할 일을 위해 존재한다. 즉, 예배를 위해 존재한다. 교회는 우리를 어둠에서 불러내어 그분의 영광의 빛에 거하게 하신 분, 성부, 성자, 성령의 위대하심을 나타내야 한다. 교회는 우리에게 빛을 비추어주신

분의 빛을 다시 반사해서 성삼위(聖三位) 하나님의 영광을 드러내야 한다.

사이비 신자들

하나님을 예배한 사람은 반드시 하나님을 위해 열심히 일하게 된다. 이것은 역사(歷史)가 말해주는 진리이자 예배의 매력이다. 우리가 하나님을 예배하면 우리는 적극적인 사람이 될 것이다. 사도 바울 이후 지금까지 교회의 역사 속에서 이루어진 위대한 일들은 사랑과 행복과 건강이 넘치는 예배를 사모하고 갈망한 사람들에 의해 이루어졌다. 탁월한 경건의 모범을 보인 사람들, 위대한 찬송가 작가들, 예배에 충실한 사람들은 모두 열심히 사역했다. 우리가 즐겨 부르는 감미로운 찬송가들을 지은 사람들의 삶을 살펴보면 '저렇게 부드러운 선율을 만든 사람들이 어쩌면 그토록 사자처럼 맹렬한 삶을 살았을까?'라는 의문이 생긴다. 조지 휫필드(George Whitefield, 1714~1770. 영국의 유명한 개혁주의적 부흥설교가 - 역자 주), 존 웨슬리(John Wesley), 찰스 웨슬리(Charles Wesley), 성 버나드(St. Bernard, 1090~1153. 수도원 개혁자 - 역자 주), 게르하르트 테르슈테겐(Gerhard Tersteegen, 1697~1769. 독일의 찬송시 작가 - 역자 주), 진젠도르프(Zinzendorf, 1700~1760. 독일 경건주의 운동의 아버지로서 모라비아 교회의 창설자 - 역자 주) 같은 사람들은 우리가 즐겨 부르는 찬송가를 지었으며, 무릎 관절의 피부가 벗겨지고 손과 손바닥에 못이 박힐 정도로 열심히 일한 사람들이다.

거의 300년 전에 살았던 위대한 그리스도인으로서 '로렌스 형제'(Brother Lawrence, 1605~1691. 파리의 갈멜회에 평수사로 가입하여 식당 일을 하였으며, 하나님과 동행하는 사람이라는 평을 받았다 - 역자 주)라고 알려진 '로렌의 니콜라스 헤르만'(Nicholas Herman of Lorraine)은 "그리스도인이 된 지 얼마 안 되었을 때 나는 복잡한 종교적 형식이나 방편들을 건너뛰고 그 대신 하나님을 깊이 묵상함으로써 영혼을 살찌우게 하겠다고 결심했다"라고 말했다. 나는 '하나님을 깊이 묵상함으로써 영혼을 살찌우게 하겠다'라는 그의 표현이 너무 좋아서 그 말을 늘 가슴 깊이 새기며 살아왔다. 기도하며 영혼을 겸손히 살피고 성경말씀으로 자신을 채우는 신자들이 늘어난다면, 교회가 깨어나는 큰 역사(役事)가 일어날 것이다.

교인들이 하나님을 단지 우리와 아주 비슷한 분으로, 즉 우리보다 약간 높고 약간 더 위대한 분으로 여기는 수준에서 벗어나지 못한다면, 그들에게서 거룩한 두려움을 찾아보기 힘들 것이다. 현대 교회에서 가장 필요한 것은, 태평하고 피상적인 사이비 신자들이 "주께서 높이 들린 보좌에 앉으시고 스랍들이

창화하는 것"을 보고서 깨어져야 한다는 것이다. '쉐키나 (Shekinah, 하나님의 찬란한 임재의 구름 - 역자 주) 영광'이 성막에서 떠났듯이, '예배'라는 거룩한 기술(art)이 떠나버린 것 같다. 그 결과, 우리는 우리 자신의 방법으로 헤쳐나갈 수밖에 없는 상태에 빠져버렸고, 자발적인 예배의 부재(不在)를 수많은 저급한 활동과 행사로 대체하여 교인들의 관심을 끌려고 몸부림친다.

로렌스 형제는 그의 긴 생애 동안 하나님의 면전에서 행하였다. 그가 죽게 되었을 때 그는 특별히 다른 것을 할 필요가 없었다. 마지막 순간에 어떤 사람이 그에게 "죽음이 다가오는 이때 무슨 생각을 하고 있습니까?"라고 물었다. 그는 단지 이렇게 대답했다.

"지금 나는 내가 앞으로 영원히 하게 될 일을 하고 있습니다. 그것은 하나님을 찬양하고 하나님의 영광을 노래하고 하나님을 숭모하고 나의 전심에서 우러나는 사랑을 바치는 일입니다. 나의 형제들이여! 다른 것들은 전혀 생각하지 않고 하나님을 사랑하고 예배하는 것이 우리가 해야 할 유일한 일입니다."

마음속의 제단

나는 지금과 같은 은혜와 긍휼의 시대에는 영광스러운 영적 세계의 제단이야말로 우리에게 유효(有效)한 유일한 제단이라고 믿는다. 바로 이 영적 세계의 제단에서 우리 주 예수 그리스도께서 대제사장으로 일하고 계신다. 그러나 우리가 현실 속에서 하나님께 영광을 돌리고 하나님을 예배해야 하는 것 또한 사실이다. 영적 세계의 제단과 현실 속에서의 예배를 완벽하게 조화시키려면 바로 우리 마음속 깊은 곳에 제단을 세워야 한다.

만일 당신이 교회에서 예배의 영(靈)에 대하여 언급한다면 주님의 백성 중 많은 사람들이 당신의 말을 이해하지 못할 것이다. 왜냐하면 진리를 자신들의 편리대로 수정하는 '행함이 적은' 교회 운영위원회, 교단, 삯꾼 목회자들이 그들을 망쳐놓았기 때문이다. 이런 사람들에게 하나님은 "너희가 계속 그렇게 한다면 내가 너희에게서 예배의 영을 거두고 너희의 촛대를 옮기리라"라고 말씀하실 것이다.

지식, 경이, 사랑

우리가 공식적인 신조 없이 예배드리는 일은 가능하다(실제로 많은 그리스도인들이 그렇게 한다). 그러나 사실 우리가 예배하려는 분에 대한 어느 정도의 지식 없이는 그분이 받으실 만한 예배를 드리는 것이 불가능하다. 그 지식이 공식적으로 명문화되었든 아니든 간에 그것이 바로 우리의 신조(信條)이다. 우리가 교리적인 지식 없이도 하나님의 신비를 체험할 수 있다고 하여 다른 것은 필요 없다고 말해서는 안 된다. 그것으로 충분하지 않다. 우리는 '신령과 진정(진리)'으로 예배해야 한다. 진리는 명문화될 수 있는 것이며, 그것을 명문화한 것이 곧 신조이다.

참예배의 또 다른 요소는 '경이'(驚異)이다. 이 단계에서 우리의 마음은 이해하기를 중단하고 일종의 '즐거운 놀람'에 빠진다. "예배는 초월적 경이이다. 예배는 말로 표현할 수 없는 무한한 경이이다"라고 토마스 칼라일(Thomas Carlyle, 1795~1881, 영국의 평론가이며 역사가 - 역자 주)은 말했다. 이런 예배는 성경의 이곳저곳에서 발견된다(물론, 이런 예배보다 못한 예배들이 성경에서 발견되는 것 또한 사실이다). 하나님의 말씀을 들을 때 아브라함은 거룩한 경이감에 사로잡혀서 얼굴을 땅에 대고 엎드렸다. 모세는 하나님이 떨기나무 불꽃 가운데서 그에게 나타나셨을 때 얼굴을 가렸다. 바울은 셋째 하늘에서 '말로 표현할 수 없는 영광'을 보았을 때 자신이 몸 안에 있는지 몸 밖에 있는지 몰랐다. 요한은 교회들 사이에서 거니시는 예수님을 뵈었을 때 엎드려서 죽은 사람처럼 되었다. 이런 경우가 성경에 드물지 않게 나오는데 여기에서는 몇 가지 예만 언급했다.

영적 예배의 또 다른 요소는 '사랑'이다. 영적 예배를 드리려는 사람은 전심으로 사랑하고, 온전히 신뢰하고, 쉬지 말고 기도하고, 그리스도처럼 거룩하게 되기 위해 애쓰고, 그리스도의 이름으로 모든 선을 행해야 한다. 우리가 이렇게 하는 것을 누가 막을 수 있겠는가? 우리가 교회에 가는 것을 정부가 금하거나 아니면 불가피한 어떤 상황 때문에 우리가 교회에 가지 못한다고 가정해보자. 그렇다고 해도 우리는 우리 마음의 성소로 가서 하나님께서 받으실 만한 예배를 드릴 수 있다. 이렇게 마음의 성소에서 예배를 드리다보면 하나님께서 적당한 때에 상황을 변화시켜주셔서 우리가 다시 활동을 재개할 수 있도록 하신다. 이때가 다시 찾아올 때까지 우리 마음의 제단에서는 불이 꺼지지 않을 것이다. 이 과정을 겪으면서 우리는 순종하고 신뢰하는 복된 비결을 배우게 될 것이다. 만일 그런 과정을 겪지 않으면 우리는 결코 그런 비결을 배우지 못할 것이다.

하나님을 사랑하지 않으면서 하나님을 예배한다는 것은 불가능하다. 이것은 성경이 가르치는 것이요, 또한 우리 이성(理性)이 주장하는 것이다. 하나님은 '전부'가 아닌 것에는 결코 만족하지 않으신다.

"네 마음을 다하고 목숨을 다하고 뜻을 다하여 주 너의 하나님을 사랑하라" (마 22:37).

이것이 처음에는 불가능해 보일지도 모른다. 그러나 하나님을 만나는 체험이 더욱 깊어지면 그렇게 할 수 있는 준비가 갖추어진다. 그리고 성령님이 우리 안에서 활동하시면 머지않아 우리는 하나님께 온전한 사랑을 드릴 수 있을 것이다.

예배자를 만들어내지 못하는 교회

오늘날에는 지금까지 말한 세 가지 요소를 모두 갖춘 예배가 '거의' (감사하게도, '완전히'는 아니지만) 잊혀진 듯하다. 성경을 하나님의 말씀으로 믿는 현대의 그리스도인들이 부인할 수 없는 한 가지 사실은 그들이 성숙한 예배를 드리지 못하고 있다는 것이다. 이 시대의 사람들이 전하는 복음이 영혼을 구원할지는 몰라도, 성숙한 예배자를 만들어내지는 못하고 있는 것이다.

현대의 교회에서 이루어지는 모임에서 만난 사람들은 서로를 진심으로 대하고, 유머러스하고 상냥하고 열심을 내며 즐거워한다. 그러나 하나님의 임재가 사람들의 마음과 분위기를 압도하는 모임을 찾아보기는 정말 힘들다. 우리는 그저 이단이 아닌 정통교리, 흥겨운 노래들, 재미있는 교제, 종교적 오락에 의지하여 겨우 버텨내고 있을 뿐이다.

그리스도의 사랑에 감격하고 기뻐하면서 그분을 사랑하려고 애쓰는 사람들은 얼마나 적은가! 너무 적어서 탄식이 나올 지경이다. 성 버나드, 성 프랜시스(St. Francis), 리처드 롤(Richard Rolle, 1295~1349. 영국 사람으로서 영어와 라틴어로 된 열두 권의 성경주석 및 성경 번역서를 남겼다 - 역자 주), 조나단 에드워즈(Jonathan Edwards, 1703~1758. 미국의 신학자 및 철학자로서 '대각성 운동'을 일으켰다 - 역자 주), 사무엘 러더퍼드(Samuel Rutherford, 1600~1661. 스코틀랜드 장로교 신학자 - 역자 주) 같은 사람들을 사로잡았던 '그리스도를 향한 미칠 것 같은 아름다운 사랑'은 오늘날 찾아보기 힘들다. 테레사 수녀(Mother Teresa)와 귀용 부인(Madame Guyon, 1648~1717. 프랑스 정적주의파의 신비주의적 저술가 - 역자 주)이 하나님을 향해 가졌던 숭모는 한낱 옛이야기일 뿐이다. 기독교는 '요셉'을 모르는 지도자들의 수중(手中)에 들어가고 말았다(여기서 토저는 출 1:8의 '요셉을 알지 못하는 새 왕이 일어나서'를 패러디해서 쓰고 있다 - 역자 주). 아름다웠던 지난날의 기억은 우리에게서 점점 사라져가고, 새로운 유형의 신앙인들이 나타난다. 금의 색깔이 변했고, 은이 납으로 변했다!

신약성경에서 우리를 가장 자유롭게 해주는 말씀 중 하나는 "아버지께 참으로 예배하는 자들은 신령과 진정으로 예배할 때가 오나니 곧 이때라 아버지께서는 이렇게 자기에게 예배하는 자들을 찾으시느니라 하나님은 영이시니 예배하는 자가 신령과 진정으로 예배할지니라"(요 4:23,24)라는 말씀이다. 이 말씀은 예배의 본질이 영적인 것임을 분명히 밝힌다. 종교의 본질은 관습적인 종교 행위, 축제일 준수, 종교적 의식과 의복 등에 있는 것이 아니라, 인간의 영과 하나님의 영의 연합에 있다.

아담의 타락으로 생긴 가장 커다란 비극은 인간의 내적 성소(聖所)에서 하나님의 영이 떠나신 것이다. 성삼위 하나님은 인간 존재의 가장 깊은 중심에 자신이 거하실 곳을 마련해놓으셨다. 그리고 이 성소에서 안식하며 인간과 깊은 도덕적 영적 교제를 나누려고 계획하셨다. 그러나 인간은 자신의 죄 때문에 이 '말로 표현할 수 없이 놀라운 특권'을 박탈당하고, 그곳에 혼자 거하게 되었다. 이 성소는 너무나 은밀한 곳이어서 어떤 다른 피조물도 침입할 수 없다. 오직 그리스도만이 들어오실 수 있다. 그러나 그분은 그냥 들어오시는 것이 아니라 우리가 믿음으로 초대하실 때 들어오신다.

"볼지어다 내가 문 밖에 서서 두드리노니 누구든지 내 음성을 듣고 문을 열면 내가 그에게로 들어가 그로 더불어 먹고 그는 나로 더불어 먹으리라"(계 3:20).

우리의 갈망과 하나님의 갈망

하나님은 살아 계시다. 그분은 절대적으로 존재하시는 분이시며 다른 모든 존재들은 그분에게 의존하여 존재한다. 인간을 포함한 모든 피조물들은 그분이 지으신 것들이다. 우리가 그분에 대해서 어떻게 생각하든지 간에 그분은 독립적으로, 또 객관적으로 존재하신다. 예배하는 자가 예배의 대상을 창조할 수 없듯이 그분은 태초부터 계시는 분이시다. 다만 예배자가 그가 맞는 '중생(重生)의 아침'에 도덕적 잠에서 깨어나 그분을 발견할 뿐이다.

우리에게는 하나님을 찾고자 하는 갈망이 있다. 그러나 우리만이 갈망을 가지고 있는 것은 아니다. 하나님도 갈망을 가지고 계신다. 그 갈망이란 하나님을 다른 어떤 것보다 더 높이겠다고 영원히 결단하는 자들을 찾으시는 갈망이다. 그분은 이런 사람들을 땅과 바다의 모든 보화보다 더 소중히 여기신다. 그분은 그들을 통해서 그리스도 안에서 인간을 향한 놀라운 인자하심을 보여주신다. 그분은 아무 방해도 받지 않고 그들과 동행하신다. 그분은 자신의 본질에 따라서 그들에게 행하신다.

형제자매들이여! 내가 하나님을 만난다는 것은 우리 마음의 깊은 곳에서 그분과 내가 단둘이 만난다는 것이다. 내가 아무리 많은 무리들 틈에 끼어 있다 할지라도 결국 나는 혼자이고, 나 혼자서 그분을 만나는 것이다. 하나님은 모든 양떼를 한꺼번에 낙인(烙印) 찍으시는 분이 아니시다. 그분은 양을 한 마리씩 불러내어 낙인을 찍으신다.

신비는 언제나 우리의 이성(理性)을 무색하게 만들고 우리를 놀라게 한다. 형언할 수 없는 신비 앞에서 우리는 겸손한 마음으로 하나님 앞으로 나아온다. 나는 기독교 신앙에서 언제나 신비의 여지를 남겨두어야 한다고 믿는다. 만일 그렇게 하지 않으면 우리는 복음주의적 이성주의자(理性主義者)들이 되어, 모든 것들을 이성으로 설명하려고 시도할 것이다. 이성주의자들은 "우리에게 무슨 질문이라도 해봐라. 우리는 즉시 대답해 줄 수 있다"라고 말한다. 그러나 과연 그들의 말이 맞을까? 자연의 도처에 신비가 도사리고 있듯이, 하나님의 나라에도 무수한 신비가 숨어 있다. 가장 지혜롭고 정직한 과학자란 그가 거의 아는 것이 없다고 솔직히 고백하는 사람이다. 이와 마찬가지로, 보좌에 앉으신 하나님을 마음의 눈으로 본 그리스도인은 더 이상 현인(賢人)인 체하지 않을 것이다. 그는 더 이상 모든 것을 아는 것처럼 행동하지 않을 것이다. 그리고 그는 그와 견해를 조금 달리하는 사람을 정죄하지 않을 것이다.

자신이 원하는 대로 모든 계획을 세우고, 일류 광고업자들에게 가능한 모든 도움을 받고, 현대 문명이 만들어낸 모든 기계의 도움을 받는다 할지라도, 만일 하나님이 하나님의 교회에서 영광을 받지 못하신다면 당신의 예배는 실패한 것이다.

하나님은 찬양이 있는 마음 안에 거하신다. 본래 인간은 무엇인가를 높이고 그것에 감탄하면서 살도록 지어졌다. 실제로 사람들은 그런 본성에 따라 그렇게 살고 있다. 이해할 수 없는 신비에 감탄하여 넋을 잃을 지경에 도달하는 것, 그것이 바로 예배이다. 그러나 세상은 잘못 돌아가고 있다. 어떤 사람들은 모든 것에 감탄하고, 어떤 사람들은 아무것에도 감탄하지 않고, 또 어떤 사람들은 잘못된 것에 감탄한다. 하나님은 이런 사람들에게 찾아오셔서 "나는 하나님이다. 나를 보고 감탄하고 열광하라"라고 말씀하신다.

2부 하나님이 받으시는 예배를 드려라

A.W. TOZER ON WORSHIP and ENTERTAINMENT

성령님이 함께하시지 않으면 참예배가 불가능하다. 우리가 하나님이신 예수 그리스도를 통하여 하나님께 참예배를 드리려면 우리 안에는 반드시 하나님의 영이 활동하셔야 한다. 그러므로 엄밀하게 말하자면, 예배는 하나님으로부터 시작되어 우리에게 찾아와 마치 거울에 반사되듯이 다시 그분에게 돌아간다. 하나님은 이런 예배가 아닌 다른 예배를 받지 않으신다.

TOZER ON WORSHIP AND ENTERTAINMENT

하나님이 받지 않으시는 예배도 있다

3장

하나님께서 모든 예배를 다 받으시는 것은 아니다. 교회에서는 아름다운 오르간 소리와 찬양 소리가 울려 퍼진다. 그러나 이런 것들이 곧 참예배는 아니다. 참예배가 되려면 성령님과 진리가 있어야 한다.

참예배가 아닌 예배

많은 사람들이 하나님께 예배드리지만 그중 하나님이 받지 않으시는 예배가 많다는 것은 참으로 비극적인 사실이다. 성령님이 함께하시지 않는 예배는 참예배가 아니다. 이것은 심각한 문제이다. 수백만의 교양 있는 크리스천들이 단지 교회의 전통에 따라 관습적으로 예배를 드리기 때문에 결코 하나님께 상달하지 못한다는 것을 생각하면 나는 잠을 이루기 힘들다.

많은 현대인들이 예배에 대해 가지고 있는 사고방식과 태도를 생각할 때 나는 마음이 무척 불편하다. 은밀히 사람들을 조종하거나 교묘한 방법을 써서 예배를 드린다면 그것은 참예배가 아니다. 나는 교인들이 목회자를 가리켜 '영적 기술자'라고 부를 날이 도래할지도 모른다는 우려를 떨치지 못하고 있는데, 당신은 어떤가?

당신이 삶의 각 부분들을 둘로 나누어 한 부분은 예배를 드리고 다른 부분은 예배를 드리지 않는다고 해도 그것은 참예배가 아니다.

교회에서만 예배를 드린다거나, 위험한 폭풍이 불어닥치거나 혹은 자연의 신비롭고 장엄한 아름다움에 압도되었을 때만 예배드리는 것이라고 생각한다면 그것은 큰 착각이다. 내가 아는 사람들 중에도 아찔할 정도로 깎아지른 듯한 절벽의 커브길에 섰을 때 아주 영적으로 변하는 사람들이 있다.

성령이 함께하시지 않으면 참예배가 불가능하다. 우리가 하나님이신 예수 그리스도를 통하여 하나님께 참예배를 드리려면 우리 안에는 반드시 하나님의 영이 활동하셔야 한다. 그러므로 예배는 하나님으로부터 시작되어 우리에게 찾아와 마치 거울에 반사되듯이 다시 그분에게 돌아간다. 하나님은 이런 예배가 아닌 다른 예배를 받지 않으신다.

내 삶 속에 하나님을 불쾌하게 해드리는 것들이 있음을 내가 안다면 나는 하나님을 온전히 기쁘게 해드리는 예배를 드릴 수 없다. 내가 주일에 즐겁게 하나님을 예배했다 할지라도 월요일에 그분을 예배하지 않는다면 나는 주일에 참예배를 드린 것이 아니다. 주일에 즐거운 노래로 찬양하며 하나님을 예배했다 할지라도 월요일과 화요일에 사업상의 문제로 하나님을 불쾌하게 해드린다면 나는 주일에 참예배를 드린 것이 아니다.

다시 한 번 나의 예배관에 대해 말하자면, 하나님을 불쾌하게 해드리는 것이 내 안에 조금도 없을 때에 비로소 그분은 나의 예배를 온전히 기뻐하신다.

가인에게서 배우는 교훈

하나님이 받으시지 않는 예배에는 여러 종류가 있다. 구약에서 그분은 가인의 예배를 받지 않으셨는데, 그 이유는 그가 하나님과 타락한 인간들 사이에 속죄가 필요하다는 것을 인정하지 않았기 때문이다.

가인이 하나님께 드린 예배에는 세 가지 중대한 잘못이 있었다.

첫째, 가인은 하나님이 어떤 분인지 알지 못했다. 다시 말해서, 그는 그분이 주권적이고 거룩하신 분이라는 사실을 알지 못했다. 하나님의 본질과 성품을 알지 못하는 사람이 어떻게 그분이 받으실 만한 예배를 드릴 수 있겠는가? 가인은 하나님의 본질과 성품을 알지 못했다. 그는 하나님이 인간의 죄의 문제를 절대적으로 심각하게 여기신다는 사실을 깨닫지 못했다.

둘째, 가인은 그가 하나님과 참된 관계를 맺지 못했으면서도 그런 관계를 맺고 있다고 착각했다. 그는 그와 하나님 사이에 중재자가 없이도 그분이 자기를 받아들이실 것이라고 태평하게 믿었다. 그는 인간이 죄 때문에 하나님에게서 멀리 떠나 있다는 진리를 받아들이지 않았다.

셋째, 가인은 죄의 심각성을 모르고 그것을 아주 가볍게 여겼다. 이것은 가인뿐만 아니라 가인 이후 수많은 사람들의 문제이기도 하다. 그러나 그들이 성경의 기록을 자세히 읽고 진지하게 생각해볼 용의가 있다면 그들은 하나님이 죄를 얼마나 심각하게 여기시는지 알 수 있었을 것이다. 하나님은 거룩하신 분이기 때문에 죄를 미워하신다. 죄 때문에 세상에는 고통과 슬픔이 가득하게 되었고, 무엇보다 인간은 인생 최고의 목적과 기쁨, 즉 하나님을 예배하는 기쁨을 잃어버렸다. 하나님은 이 사실을 잘 알고 계신다.

가인이 드린 예배는 부적절하고 무의미한 예배였다. 이것을 지금의 신약시대에 적용하여 말해보자. 우리 주 예수 그리스도의 십자가의 죽음을 통한 속죄의 필요성을 가르치기 거부하는 교회가 있다면, 나는 그런 교회에서는 단 한 시간도 예배를 드리지 않을 것이다.

공허한 예배를 드리는 교회들

오늘날 수많은 교회에서 드려지는 예배는 몹시 공허하고 무의미하다. 예배드리기 위한 모든 것들이 다 갖추어져 있는데도 한 가지 불길한 결핍 요소를 들라면 바로 성령님의 능력이 함께하지 않는다는 것이다. 경건의 모양은 충분하다. 그것은 사람들을 사로잡을 정도로 충분히 아름답고 웅장하다. 예복에 나타난 여러 가지 상징, 음악, 시(詩), 그림, 웅변술, 엄숙한 말투, 좋은 음향 시설, 이런 것들이 어우러져서 예배자들의 마음을 한껏 사로잡는다. 그러나 종종 성령님의 초자연적인 감동이 없을 때가 있다. 목회자와 회중은 위로부터 내려오는 능력을 알지도 못하고 갈망하지도 않는다. 이것은 말 그대로 비극이 아닐 수 없다. 더욱 비극적인 사실은, 여기에 인간의 영원한 운명이 걸려 있다는 점이다.

유감스럽게도, 우리는 우리의 입술로 하나님을 예배하지만, 삶으로는 그분을 예배하지 않는 일을 쉽게 저지르기도 한다. 그러나 단언하건대, 당신의 삶이 예배하지 않는다면, 결국 당신의 입술도 예배하지 않는 것이다.

우리의 전부, 즉 우리의 삶 전체가 예배해야 한다. 믿음, 사랑, 순종, 충성, 행위, 생명, 이 모든 것들이 예배에 동참해야 한다. 만일 당신이 삶의 각 부분을 둘로 나누어 한쪽은 하나님을 예배하고 다른 한쪽은 그렇지 않다면, 당신은 참예배를 드리는 것이 아니다. 교회에서, 죽음의 목전에서, 장엄한 신비 앞에서 우리의 영성이 깊어진다고 믿는 것은 대단한 착각이다.

'사마리아인의 예배'라는 것이 있다. 이것은 이단적인 예배를 뜻한다. 이단적인 사람이라고 해서 진리를 전부 부인하는 것은 아니다. 그는 자기가 좋아하는 것들은 받아들이고 자기가 싫어하는 것들은 거부하는 편협한 사람이다. 삶의 각 부분을 둘로 나누어 한쪽은 하나님을 예배하고 다른 한쪽은 하나님을 예배하지 않는 것, 그것이야말로 이단적 예배, 즉 사마리아인의 예배이다.

'자연 예배'라는 것도 있다. 그것은 종교적 시(詩)이다. 그것은 장엄한 자연을 즐기며 명상하는 것이다. 자연 숭배자들, 아니 좀 더 정확히 말해서 '자연을 통해서 하나님을 예배하는 자들'은 아주 많다. 그들은 눈과 귀가 아닌 마음을 미(美)에 집중시킨다. 당신의 귀가 미에 집중할 경우 그것은 음악이 되고, 당신의 눈이 미에 집중한다면 그것은 미술이 된다. 그러나 음악이나 미술 없이 아름다운 생각을 한다면 그것은 시(詩)이다. 어떤 사람들은 몰아의 경지를 예배라고 착각한다. 또 어떤 사람들은 종교음악을 예배로 착각한다. 마음을 고양시키고 영혼을 거의 몰아의 경지에 몰아넣는 것이라면 무엇이든지 다 예배라고 착각하는 경향이 있다.

그러나 하나님께서 모든 예배를 다 받으시는 것은 아니다. 우리가 사는 문명사회에는 많은 종류의 예배가 있지만, 하나님은 이 세상이나 저 세상에서 그것들을 받지 않으신다. 종교적인 체험이라고 해서 하나님이 전부 받으시는 것은 아니다. 교인들끼리 어울리면서 서로 따뜻한 우정을 느낄 수 있다. 교회에서는 아름다운 오르간 소리와 찬양 소리가 울려 퍼진다. 그러나 이런 것들이 곧 참예배는 아니다. 참예배가 되려면 성령님과 진리가 있어야 한다.

당신은 자신이 원하는 대로 예배를 드려서는 안 된다. "네가 원하는 방식대로 예배하라"라는 것은 마귀의 속임수이다. 또한 그것은 회심과 중생의 과정을 거치지 못한 채 오직 머리에 '장엄함'이라는 혹을 붙이고 다니는 사람들이 아주 좋아하는 말이다. 그들은 우리가 원하는 방식대로 하나님을 예배하면 된다고 가르친다. 구속(救贖)과 관계없이 종교적 체험을 할 수 있다. 그리스도인이 아니면서, 회심하지 않고서도, 지옥으로 달려가고 있으면서도 종교적 체험을 할 수 있다. 가인도 종교적 체험을 했다. 그는 하나님께 말씀드렸고, 하나님도 그에게 말씀하셨다. 하나님을 경험했지만 그 경험이 구원과 관계없는 경험이 될 수도 있다는 말이다. 예배를 드리지만 잘못 예배드릴 수 있다.

예배는 성령님 안에서, 성령님에 의해서 이루어져야 한다. 누구든지 예배를 드릴 수 있다는 생각은 완전히 잘못이다. 성령님 없이 우리가 예배를 드릴 수 있다고 믿는 것은 완전히 잘못된 것이다. 성령님을 구석으로 몰아넣고, 그분에게 주의를 기울이지 않고, 그분의 감동의 불을 끄고, 그분의 인도에 저항하면서 하나님이 받으실 만한 예배를 드리겠다는 생각은 반드시 교정되어야 할 이단(異端)이다. 하나님이 받으실 만한 예배를 드리는 방법을 아는 분은 오직 성령님이시다.

준엄한 메시지

먼저 예배하지 않으면 하나님이 받으실 만한 일도 할 수 없다. 성령님은 오직 예배하는 사람을 통해서 일하신다. 다른 사람들을 통해서는 일하지 않으신다. 우리는 예배드리지 않고 단지 종교적 활동에 몰두하면서 우리 자신을 속일 수 있다. 그러나 그렇게 하면 언젠가 착각에서 깨어날 때 말로 다할 수 없는 충격을 받을 것이다.

오늘날 기독교 교육에서 가장 강조되어야 하는 것이 바로 예배이다. 예배를 열심히 드리는 사람이 복음에 따른 실천적 삶을 소홀히 할 가능성은 매우 낮다. 신령과 진정으로 하나님을 예배하는 사람은 곧 거룩한 봉사의 책무를 강하게 느껴서 봉사하지 않을 수 없게 된다. 하나님과의 교제는 곧 순종과 선행으로 이어지는 법이다. 일보다 예배가 앞서는 것이 하나님께서 정하신 순서이다. 이 순서를 뒤집어서는 안 된다.

나를 성경에서 멀어지게 하는 것은 제아무리 무해(無害)하게 보일지라도 나의 적(敵)이라고 생각한다. 내가 하나님과 영원한 것들에 대해 묵상해야 할 시간에 나의 주의를 다른 데로 이끄는 것은 무엇이든지 나의 영혼에 해를 끼치는 것이다. 만일 내가 생활의 근심 걱정 때문에 성경을 멀리한다면 큰 손실을 입을 것이며, 또한 그 손실은 극복하기 힘들 것이다. 성경 대신 다른 무엇에 의지한다면 나는 영적으로 도둑맞고 사기를 당해 영원한 혼란에 빠질 것이다.

하나님이 우리에게 제시하시는 이상(理想)은 우리가 최대한 온전한 예배를 드리는 것이다. 내 존재의 모든 부분이 서로 조화를 이루지 못하면, 하나님을 예배하지 않는 부분이 내 존재 안에 있으면, 내 존재 안에는 하나님을 온전히 예배하는 부분이 없는 것이다.

당신의 모든 시간, 장소, 날, 달, 해를 성별(聖別)하여 하나님께 드리도록 힘써라. 그러면 당신은 하나님을 예배하는 것이고, 하나님은 당신의 예배를 받으실 것이다.

영혼의 눈으로 영광의 하나님을 바라보라

4장

봉사, 일, 활동은 모두 선하기 때문에 모든 그리스도인들이 마땅히 힘써야 할 것들이다. 그러나 이런 모든 것들의 뿌리가 되는 것은 바로 하나님을 바라보는 내적(內的) 습관이다. 이런 내적 관조가 있을 때 비로소 다른 일들도 의미를 갖게 된다.

영적인 집중력

복잡한 세상에서 날마다 조용히 은밀한 장소로 물러나라. 그곳이 당신의 침실이라도 좋다(한때는 나도 달리 마땅한 장소가 없어서 보일러실을 이용하곤 했다). 주위의 소음들이 당신의 마음에서 사라지고 하나님의 임재가 당신을 감싼다고 느낄 때까지 그곳에 조용히 앉아 있어라. 불쾌한 소리에 귀를 기울이지 말고, 그것을 듣지 않겠다고 결심하라. 내면에서 들리는 음성을 인식하는 법을 배울 때까지 그 음성에만 귀를 기울여라. 다른 사람들과 경쟁하지 말라. 하나님께 당신을 드려라. 다른 사람들이 어떻게 생각하든지 간에 당신 자신이 되어라. 당신이 아닌 어떤 다른 존재가 되지 말라. 당신의 관심을 두세 가지 일에만 국한시켜라. 순간순간 마음속으로 기도하도록 스스로 훈련하라. 그러면 얼마 후 당신은 심지어 일을 하면서도 기도할 수 있게 될 것이다.

　겸손하고, 진실하고, 어린애처럼 정직해지도록 스스로 훈련하라. 성실한 자세로 생활할 수 있도록 기도하라. 중요하지 않은 책들은 적게 읽고, 당신의 영혼에 유익을 주는 중요한 책들은 더욱 많이 읽어라. 마음이 산만한 상태 그대로 오래 머물러 있지 않도록 하라. 정처 없이 방황하는 수많은 생각을 집으로 불러들여라. 영혼의 눈으로 그리스도를 바라보라. 영적인 집중력을 기르도록 스스로 훈련하라.

　성경을 묵상하는 기술을 연습하자. 그렇다고 밖에서 사람들을 모아다가 '성경묵상클럽'을 만들거나 하지는 말라. 우리는 이미 단체를 만들어서 무언가를 이루려고 하다가 철저히 실패한 사람들이 아닌가? 혼자 묵상하라. 소박하고 사려 깊은 그리스도인들이 되자. 성경을 펴서 책상 위에 놓고 하나님의 말씀을 깊이 묵상하라. 그러면 성경말씀이 당신에게 다가올 것이며, 하나님의 영이 오셔서 당신을 도와주실 것이다.

　나는 우선 한 달만이라도 경건한 마음으로 기도하면서 조용히 말씀을 묵상해볼 것을 강력히 권한다. 마음속에 떠오르는 의문들은 개의치 말고 잊어버려라. 이제까지 깨닫지 못해서 빈칸으로 남겨둔 것이 있다면 굳이 메우려고 애쓰지 말라. 쓰레기 같은 것들은 모두 버리고 성경을 집어들라. 무릎을 꿇고 "아버지여, 제가 여기 있습니다. 저를 가르치소서"라고 믿음으로 고백하라.

대가를 지불하는 영성

하나님을 만난 사람이 하나님께 온전히 헌신하는 일은 어렵지 않다. 하나님의 자녀가 하나님의 위대하심에 매료되고 그분을 숭모(崇慕)하게 될 때, 그들은 자기들의 사랑을 구주의 발 앞에 쏟아놓을 기회가 오기만을 간절히 바랄 것이다.

만일 영적이고 경건한 일에 착념하거나 실천하는 일에 게으른 그리스도인처럼 피아노 연습을 게을리 하는 전문 피아니스트가 있다면, 그는 곧 음악계를 떠나야 할 것이다. 메이저 리그에 속한 야구 투수가 교회의 여러 부서에 소속되어 있는 사람만큼 게으르다면, 그는 일주일 만에 구단에서 쫓겨나고 말 것이다. 만일 거룩해지는 방법에 별다른 관심이 없는 평신도만큼 과학적인 문제에 관심이 없는 과학자가 있다면, 그는 결코 과학적 난제를 풀지 못할 것이다. 교회 신자들처럼 훈련이 안 된 유약한 병사를 가진 나라가 있다면, 그 나라는 적국의 공격에 곧바로 무릎을 꿇을 것이다. 편안하게 소파에 앉아서 승리를 거둘 수 있는 방법은 없다. 성공하려면 반드시 그 대가를 지불해야 한다. 영적으로 성장하려면 우리는 세상 사람들이 중요하게 여기는 수많은 일들을 뿌리치고 오직 하나님의 일에 집중해야 한다.

우리의 신앙생활은 '홀로 있는 일'과 침묵의 열매를 맺는 데 더 많은 시간을 투자하는 방향으로 바뀌어가야 한다. 시끄럽고 분주한 하루 중 어렵게 마련한 '묵상의 시간'은 낭비되기 쉽기 때문에 각별한 주의가 요청된다. 우리의 묵상은 하나님을 향해야 한다. 그렇지 않으면 우리 자신과 대화하면서 묵상의 시간을 전부 날려버릴 수도 있다. 자신과 조용히 대화를 나누면 마음이 편해질지는 몰라도 영적인 성장을 꾀할 수는 없다.

만일 어떤 그리스도인이 그의 주변에 있는 그리스도인들보다 더 높은 수준으로, 영적으로 성장하려고 노력할 경우, 그는 하나님을 모든 기독교 교리의 궁극적인 목적으로 인식해야 한다는 사실을 깨닫게 될 것이다. 만일 그가 성삼위(聖三位) 하나님의 거룩한 경이를 깊이 헤아린다면, 그는 올바른 교리에 입각하여 지속적으로 그분을 묵상해야 할 필요성을 느낄 것이다. 하나님을 좀 더 잘 알기 위해서 우리는 그분을 늘 묵상해야 한다. 순수한 영성에 이르는 데 이것 말고 다른 지름길은 없다.

이제까지 인간은 인간에 대해서, 그리고 하나님에 대해서 많이 연구해왔지만 그런 지름길을 발견하지는 못했다. 순수한 영성에 이르는 길은 누구에게나 열려 있지만, 그 길을 가려면 반드시 대가를 지불해야 한다.

이제까지 소홀히 취급된 기독교 진리를 다시 찾아서 그것들에 활력을 불어넣는 방법은 무엇인가? 그 방법은 기도와 깊은 묵상이다. 우리가 기도와 깊은 묵상에 잠길 때, 마치 안개처럼 우리 안에 가득 채워진 세상적인 생각에서 그 진리를 분리해내어 지속적으로 굳게 붙들 수 있다.

하나님을 바라보라

우리가 하나님을 바라볼 때 우리는 우리를 바라보고 계시는 하나님의 자애로운 눈길과 마주치게 된다. 성경은 하나님의 눈이 온 천하를 두루 살피신다고 증거한다. 하나님은 "감찰하시는 하나님"(창 16:13)이시다. 우리 영혼의 눈이 그분을 바라보고 그분의 눈길이 우리의 눈길과 마주칠 때 바로 여기 이 땅에서 천국이 시작된다.

하나님을 바라보는 것은 마음의 문제이다. 그러므로 우리의 몸이 교회에서 수천 킬로미터 떨어져 있다 할지라도 전혀 문제가 되지 않는다. 우리가 서 있든지 무릎을 꿇고 있든지 임종의 고통 가운데 있든지 상관없이 우리는 하나님을 바라볼 수 있다.

  이 놀라운 비밀을 발견한 사람들은 적지 않다. 그들은 그들의 마음속에서 일어나는 생각에는 그다지 신경 쓰지 않고 오직 영혼의 눈으로 하나님을 바라보는 훈련을 꾸준히 수행한다. 그들은 그들의 마음속에 있는 무엇이 하나님을 본다는 것을 안다. 심지어 눈앞에서 벌어지는 현실적인 일들에 관여해야 할 상황이 되어 그들이 하나님을 의식적으로 바라보지 못한다 할지라도, 그들 안에서는 그들과 하나님 사이에 은밀한 교제가 진행된다. 그러다가 잠시라도 그들이 눈앞의 일에서 해방된다면 그들은 곧바로 주의(注意)를 하나님께로 향한다. 이런 체험을 하며 살았노라고 간증하는 사람들은 아주 많다. 너무 많아서 만일 누가 나에게 그런 사람들의 이름을 대보라고 요구한다면 나는 그 사람들의 이름을 일일이 기억하지 못할 정도이다.

  모든 그리스도인들은 개인 기도의 훈련을 쌓아야 한다. 성경 말씀을 오래 묵상하면 우리의 눈이 밝아지고 하나님을 향하게 될 것이다. 교회 출석은 우리의 시야를 넓혀주고 다른 사람들을 더욱 사랑하게 해줄 것이다. 봉사, 일, 활동은 모두 선하기 때문에 모든 그리스도인들이 마땅히 힘써야 할 것들이다. 그러나 이런 모든 것들의 뿌리가 되는 것은 바로 하나님을 바라보는 내적(內的) 습관이다. 이런 내적 관조(觀照)가 있을 때 비로소 다른 일들도 의미를 갖게 된다. 내적 관조의 훈련을 거듭하면, 우리 육신의 눈이 눈앞에서 벌어지는 세상의 일들을 바라보는 동안에도 우리 영혼의 눈은 하나님을 바라볼 수 있게 된다. 그리하여 결국 우리에게는 '육신의 눈'이라는 시각 체계 외에 '영혼의 눈'이라는 새로운 시각 체계가 생겨나는 것이다.

나는 우리 마음이 언제나 예수님을 바라보도록 훈련하겠다는 의지적(意志的)인 헌신을 강조하고 싶다. 우리가 이렇게 헌신하고자 하는 의지를 가질 때, 하나님은 그것을 우리의 선택으로 간주하신다. 하나님은 이 악한 세상의 잡다한 것들이 우리가 그분에게 집중하지 못하도록 방해한다는 사실을 잘 알고 계신다. 그분은 우리가 우리의 마음을 예수님에게 향하도록 했다는 사실을 아신다. 그리고 우리도 그 사실을 안다. 위로가 되는 점은, 영혼의 습관이 거듭되다보면 얼마 후에는 더 이상 의식적으로 노력하지 않아도 되는 일종의 '영적인 반사작용'이 생긴다는 것이다.

하나님의 음성

하나님께서 우리 주님에게 하늘로부터 말씀하셨을 때, 그 소리를 들은 자기 중심적인 사람들은 그것을 자연현상으로 돌리며 "천둥이 쳤다"라고 말했다. 하나님의 행하심을 자연현상으로 설명해보려는 인생관이 현대 과학의 뿌리에 놓여 있다. 그러나 살아서 숨을 쉬는 이 우주 안에는 신비로운 존재가 있다. 그 존재는 너무나 신비롭고 놀랍기 때문에 어떤 인간도 이해할 수 없다. 신앙이 있는 사람은 이 존재를 감히 다 이해한다고 주장하지 않는다. 그는 다만 무릎을 꿇고 "그 존재는 바로 하나님이시다"라고 말한다.

땅에 속한 사람도 무릎을 꿇지만, 결코 예배드리기 위해서 무릎을 꿇는 것이 아니다. 그는 조사하고 연구한다. 그리고 사물의 원인과 과정을 알기 위해 무릎을 꿇는다. 공교롭게도 지금 우리는 세속화된 시대에 살고 있다. 따라서 우리의 사고방식은 과학자의 사고방식이지 예배자의 사고방식이 아니다. 우리는 숭모하기보다 설명하기를 더 좋아한다. 우리는 "천둥이 쳤다"라고 소리치고 세속적인 방법에 따라 살아간다.

그러나 하나님의 음성은 계속 들려온다. 그 음성은 우리의 대답을 요구한다. 이 세상은 그 음성에 의지하여 생명과 질서가 유지되고 있다. 그러나 사람들은 대부분 너무 바쁘거나 너무 완고하여 그 음성에 주의를 기울이지 않는다.

주의 깊게 듣는 자는 하늘의 음성을 들을 것이다. 그러나 안타깝게도, 지금은 주의 깊게 들으라는 권고를 반기는 시대가 아니다. 왜냐하면 '듣는다'고 하면 그것은 일단 대중에게 인기가 없기 때문이다. 오히려 우리는 그 정반대 되는 곳에 서 있다. 현대의 종교는 시끄러운 소리, 지속적인 활동, 자기 주장이 강한 목소리, 그리고 대형화(大型化)가 우리를 하나님께 가까이 가게 만든다는 해괴한 이단을 받아들였다. 그러나 낙심할 필요는 없다. 마지막으로 거대한 투쟁의 격동에 사로잡혀 있는 백성에게 하나님은 "너희는 가만히 있어 내가 하나님 됨을 알지어다"(시 46:10)라고 말씀하신다. 그리고 그분은 지금도 우리에게 그렇게 말씀하신다. 왜냐하면 그분은 우리의 힘과 안전이 시끄러운 소리에 있지 않고, 고요함에 있다는 것을 아시기 때문이다.

TOZER ON WORSHIP AND ENTERTAINMENT

하나님의 황홀한 임재를 체험하라

5장

참그리스도인의 체험의 본질은 하나님을 정말로 만나는 것이다. '하나님을 만나는 것' 이외의 다른 것들은 부수적이다. '하나님과의 만남'이 없다면, 종교는 실재(實在)의 그림자이며, 다른 사람의 체험을 옮기는 싸구려 모방일 뿐이다. 하나님을 만나는 황홀한 체험을 하라.

하나님 임재의 중요성

우리는 완전한 확신 가운데 하나님의 임재 안으로 들어가서 "하나님은 진실하시며 모든 인간은 거짓말쟁이입니다"라고 말할 정도까지 하나님의 임재를 확신해야 한다. 우리가 그분의 면전에서 이렇게 할 수 있을 때 우리는 비로소 예배의 시작 단계에 와 있는 것이다.

우리는 하나님을 구해내려고 하지 말고 우리가 빠진 잘못된 개념에서 우리를 건져내야 한다. 하나님은 누구의 구조(救助)를 필요로 하는 분이 아니시다. 오직 우리는 두려울 정도로 큰 오류에 빠진 타락한 개념들을 구조해야 한다.

하나님의 크고 위대하심을 알게 된다면 당신은 그분의 임재 안으로 들어가서 다시는 나오고 싶지 않을 것이다. 당신이 그분의 존전(尊前)에 계속 머물고 싶어 하는 것은 당신이 무한하고 크고 위대하신 분 앞에 서 있기 때문이다. 그분의 면전에 있으면 당신은 그분에게 감탄하지 않을 수 없다. 그분에 대한 감탄이 점점 더 커지면 결국 그분을 사랑하지 않을 수 없게 된다. 만일 당신이 공장, 사무실, 가정에서 하나님의 임재를 느끼지 못한다면, 당신이 교회에 있을 때라도 그분은 교회에 계신 것이 아니다.

오늘날 교회는 지극히 높으신 하나님을 다시 바라보아야 한다. 이 말은 내가 단지 설교하기 위해서 억지로 만들어낸 이야기가 아니다. 나의 말은 지극히 건전한 말이며, 확인되고 입증된 말이다. 다시 한 번 말하지만, 우리는 지극히 높으신 하나님을 다시금 바라보아야 한다. 사람들은 하나님이 얼마나 영광스러운 분이신지를 모른다.

오늘날의 기독교가 보여주는 하나님은 사람들이 친구처럼 쉽게 어울릴 수 있는 나약한 싸구려 하나님이다. 그분은 '이웃집 아저씨' 정도로 여겨진다. 그분은 당신이 어려움에 처했을 때 도와주고, 당신이 평안할 때는 당신을 그냥 내버려두는 분으로 여겨진다. 우리는 아브라함과 야곱의 하나님을, 누구든지 언제나 쉽게 도움을 청할 수 있는 박제된 하나님으로 만들어버렸다. 사람들은 개그맨이 난데없이 저속한 농담을 건네는 것처럼 "자! 이제 잠깐 기도합시다"라고 가볍게 말한다. 또 바보 같은 옷차림의 '어중간하게 회심한 카우보이'가 콧노래로 외설스러운 노랫가락을 짧게 흥얼거리고 나서 "이제는 제가 거룩한 노래 한 곡을 불러드리겠습니다"라고 말하는 것처럼 아무렇게나 함부로 하나님께 나아갈 수 있다고 믿는다. 이런 잘못된 믿음 때문에 사람들은 불경스럽게 그분에게 나아간다. 그러나 이 모든 것은 그분의 영광과 위대하심을 모르기 때문에 일어나는 일들이다.

역사의 교훈

과거 영적 거인들은 하나님의 임재를 깊이 체험하고 그 체험을 평생 기억하면서 살아갔다. 캄캄한 어두움의 공포가 아브라함에게 닥쳤을 때처럼, 혹은 불타는 떨기나무 가운데서 그를 부르시는 하나님을 뵙기를 두려워하여 모세가 그의 얼굴을 숨겼을 때처럼, 처음 하나님을 만났을 때에 그들은 모두 두려움에 사로잡혔을 것이다. 그러나 대개의 경우 얼마 후 그 두려움은 즐거운 외경심으로 바뀌어 그 상태를 유지하다가, 결국 하나님께 가까이 있다는 경건한 감정으로 변화한다. 중요한 것은 그들이 하나님을 체험했다는 사실이다.

만일 성도들과 선지자들이 하나님을 체험하지 못했다면 그들의 변화된 삶을 설명할 수 있을 만한 다른 근거는 없다. 하나님을 체험하지 못한 사람이 어떻게 그들처럼 살 수 있겠는가? 그들이 수많은 세대에 걸쳐서 끼친 막대한 영향력을 어떻게 달리 설명할 수 있겠는가? 그들이 그토록 큰일들을 할 수 있었던 것은, 그들이 의식적으로 하나님과 교제를 나누며 일했고, 자신에게 임하신 하나님께 기도드린다는 확신을 가지고 기도했기 때문이다.

우리 믿음의 조상들은 하나님이 우리와 함께 계시다는 느낌이 너무나 황홀하다고 우리에게 증거했고 우리도 이것을 체험적으로 알고 있다. 이런 체험적인 인식이 있기 때문에 세상 사람들이 아무리 기독교를 공격해도 흔들리지 않는다. 이런 인식 때문에 적이 아무리 우리를 흔들어대도 우리는 쓰러지지 않는다. 자기에게 임재하신 하나님을 예배하는 사람들은 불신자들의 반대에도 전혀 요동하지 않는다. 그들의 체험은 스스로 증명하는 것이기에 다른 어떤 변호나 증거도 필요하지 않다. 그들이 보고 들은 것이 그들의 의심을 날려버리고, 그들의 믿음을 파괴하려는 적들의 논증을 완전히 압도하여 온전한 확신을 준다.

참그리스도인의 체험의 본질은 하나님을 정말로 만나는 것이다. '하나님을 만나는 것' 이외의 다른 것들은 부수적이다. '하나님과의 만남'이 없다면, 종교는 실재(實在)의 그림자이며, 다른 사람의 체험을 옮기는 싸구려 모방일 뿐이다. 유년기부터 노년기까지 교회 안에서 살면서 눈이 있어도 보지 못하고 귀가 있어도 듣지 못하고 영혼이 있어도 사랑하지 못하고 오직 신학과 논리가 합성(合成)해낸 신(神)만을 안다면, 그것이야말로 크나큰 비극이 아닐 수 없다.

오직 하나님만이 중요하다는 강력한 감정이 신자를 순식간에 사로잡을 수 있다. 이 감정은 그의 삶과 사상 속으로 깊숙이 파고들어가 그의 모든 판단과 가치관에 영향을 미친다. 그러면 그는 자신이 사람들의 견해로부터 자유롭다는 것을 느낀다. 그는 오직 하나님만을 기쁘게 해드려야 한다고 갈망하게 된다. 그는 자신이 하늘에 계신 아버지를 기쁘게 해드린다고 확신할 때 가장 큰 기쁨을 느끼게 된다.

하나님께 나아갈 때 우리는, 그분과 우리 사이의 관계에서 주도권을 가지고 적극적으로 나서는 분은 우리가 아니라 하나님이시라는 것을 확신하면서 그분의 존전으로 나아가야 한다. 우리가 시끄럽고 분주한 활동을 전부 그치고, 하나님의 음성을 듣고, 그분을 느낄 수 있게 될 때까지 그분은 기다리신다. 그런 시간이 되어서야 비로소 우리는 우리의 주의를 성삼위(聖三位) 하나님께 집중시킬 수 있다. 성부, 성자, 성령 중에서 어떤 분이 현재 우리의 관심을 끌러 하시는지는 중요하지 않다. 성령님이 현재 우리가 가장 주목해야 할 분을 우리의 마음에 떠오르게 하시리라고 믿기만 하면 된다.

성막이 가르쳐주는 영적 진리

구약에 나오는 성막은 죄악의 황무지를 떠나 하나님의 면전으로 가는 영혼의 내적 여행을 잘 설명해주는 좋은 예(例)가 된다. 하나님께 돌아온 죄인은 우선 바깥뜰로 들어간다. 거기서 그는 놋으로 된 번제단에서 피의 제물을 드리고 가까이 있는 물두멍에서 자신을 씻는다. 그런 다음 그는 휘장을 통하여 성소로 들어간다. 성소 안에는 자연광(自然光)이 없으며, 세상의 빛이신 예수님을 상징하는 정금 등대가 부드러운 빛을 비추고 있다. 또한 성소 안에는 생명의 떡이신 예수님을 상징하는 진설병(陳設餅)과 끊임없는 기도를 상징하는 분향단(焚香壇)이 있다.

성소까지 들어간 예배자는 이미 많은 것들을 누렸으나, 그래도 아직 하나님의 면전으로 나아간 것은 아니다. 성소와 지성소를 가르는 또 다른 휘장이 있는데, 이 휘장을 통해서 지성소로 들어가면 속죄소 위에 하나님이 장엄하고 영광스럽게 거하신다. 지성소에는 오직 대제사장만이 1년에 한 번 들어갈 수 있었다. 그는 반드시 피를 가지고 들어가서 자신의 죄와 백성의 죄를 위해 그 피를 드렸다. 우리 주님께서 갈보리 십자가에서 돌아가실 때 찢어진 휘장이 바로 이 두 번째 휘장이다. 성경 기자(記者)에 따르면, 이 휘장이 찢어졌기 때문에 세상의 모든 예배자들이 하나님의 면전으로 나아갈 수 있는 새롭고 산 길이 열렸다고 한다.

하나님께 대한 집중

성경은 우리가 개인적인 체험을 통해서 하나님을 알 수 있다고 말한다. 성경에서 가장 특징적으로 나타나는 분은 동산 나무 가운데로 거닐면서 모든 것들에게 향기를 불어넣으시는 사랑의 하나님이시다. 하나님의 백성이 그분의 현시(顯示)를 받아들이기에 필요한 수용성(受容性)을 갖게 되면, 그분은 언제 어디서나 임재하고 말씀하고 설득하고 사랑하고 일하며 자신을 현시하신다.

우리가 하나님께 집중하기 시작할 때 영적인 것들은 우리의 내적(內的)인 눈앞에서 구체화될 것이다. 그리스도의 말씀에 순종하면 하나님의 내적 계시가 나타날 것이다(요 14:21-23 참조). 이런 내적 계시를 받은 사람은 마음이 청결한 자에게 약속된 대로 하나님을 볼 것이다.

"마음이 청결한 자는 복이 있나니 저희가 하나님을 볼 것임이요"(마 5:8).

그렇게 되면 하나님에 대한 새로운 의식이 우리를 사로잡을 것이며, 우리는 우리의 생명이 되시며 우리의 모든 것이 되시는 하나님을 맛보고, 내적으로 느끼고, 그분의 말씀을 듣기 시작할 것이다. "참 빛 곧 세상에 와서 각 사람에게 비춰는 빛"(요 1:9)이 계속 비칠 것이다. 우리의 영적 능력이 더욱 예리하고 확실해질수록 하나님은 그만큼 우리에게 '위대한 모든 것'이 되실 것이며, 그분의 임재가 우리 삶의 영광과 경이가 될 것이다.

하나님의 임재는 사실이다

하나님의 임재의 현시(顯示, manifestation), 즉 그분의 임재의 '나타남'은 그분의 임재(臨在)와는 다르다. 임재의 현시 없이 임재가 있을 수 있다. 다시 말해서, 우리가 전혀 의식하지 못한다고 해도 하나님은 여기에 계실 수 있다. 한편, 우리가 그분의 임재를 의식할 때에만 그분은 현시하신다. 우리 편에서 해야 할 일은 하나님의 영에 순종하는 것이다. 왜냐하면 우리에게 성부와 성자를 보여주시는 분은 성령님이시기 때문이다. 우리가 사랑과 순종 가운데 성령님에게 순종한다면 하나님은 우리에게 자신을 나타내실 것이다. 하나님의 얼굴빛으로 밝게 빛나는 삶과 명목상 그리스도인의 삶을 구분하는 것도 바로 이런 하나님의 현시가 있는지 없는지를 보면 된다.

하나님의 보편적 임재는 사실이다. 하나님은 지금 여기에 계신다. 온 우주는 그분의 생명으로 가득하다. 그분은 이상하고 이질적인 신(神)이 아니라 수천 년 동안 죄악에 빠진 인류를 사랑으로 감싸오신 우리 주 예수 그리스도의 친근한 아버지이시다. 이 하나님은 언제나 우리에게 자신을 계시하시고 우리와 대화하기 위해서 우리의 주의를 끌려고 애쓰신다. 우리에게 접근해오시는 그분에게 반응하기만 하면 그분을 알 수 있는 능력이 우리 안에 있다. 그렇다! 하나님은 바로 우리를 찾으시는 하나님이시다. 믿음과 사랑과 훈련을 통해 하나님께 반응하는 우리의 수용성이 더욱 온전해질수록 우리는 그분을 더욱 많이 알게 될 것이다.

하나님의 임재는 기독교의 핵심 진리이다. 기독교의 메시지의 핵심에 계신 하나님은 그분의 구속(救贖)받은 자녀들이 그분의 임재를 명확히 의식하기 바라는 하나님이시다. 그러나 안타깝게도, 현재 유행하는 기독교는 그분의 임재를 단지 이론으로만 알고 있다. 따라서 그분의 임재가 현재의 신자들에게서 실현될 수 있다는 그들만의 특권을 강조하지도 않고, 우리의 영적 지위가 하나님의 면전에 있다고 말로만 가르칠 뿐, 그분의 임재를 체험해야 할 필요성에 대해서는 침묵한다. 현재 유행하는 기독교에서는 맥체인(R. M. McCheyne, 1813~1843. 29세의 나이로 소천한 스코틀랜드의 눈물과 열정의 설교자 - 역자 주) 같은 사람을 움직였던 불같은 열정을 찾아볼 수 없다. 현재 세대의 그리스도인들은 그들의 영적 지위가 하나님의 면전에 있다고 말하면서 자신들을 위로할 뿐이다. 불타는 정열 대신 천박한 만족이 있을 뿐이다. 우리는 우리의 영적 지위에 안주하는 것으로 만족할 뿐, 개인적인 체험의 부재(不在)에 대해서는 거의 신경을 쓰지 않는다.

하나님의 임재 체험의 부족

대체로 경건한 두려움, 경외심을 가져다주는 하나님의 임재가 우리 가운데 없다는 것이 오늘날의 문제이다.

감미로운 오르간 소리나 아름답게 디자인된 창문을 통해 들어오는 햇살로는 경건한 두려움이나 경외심을 불러일으킬 수 없다. 기획된 예배나 계산된 예배 인도자의 멘트로도 하나님의 임재를 만들어낼 수 없다. 비스킷을 들어올리고 "이것이 하나님이다"라고 주장한다고 해서 경건한 두려움과 경외심이 생기는 것은 아니다. 무의미한 의식을 아무리 다양하게 시행해본들 경건한 두려움과 경외심은 생겨나지 않는다.

이런 이교적(異敎的)인 것들 앞에서 사람들이 느끼는 감정은 하나님을 향한 참두려움이 아니다. 그것은 미신적인 두려움에 지나지 않는다.

하나님을 향한 참두려움은 아름답다. 왜냐하면 그것은 예배요 사랑이며 경외이기 때문이다. 그것은 하나님이 계시기 때문에 느끼는 높은 수준의 행복감이며, 그분이 계시지 않으면 차라리 죽음을 택할 정도로 그분을 기뻐하는 일이다. 이런 하나님을 예배하는 사람은 "나의 하나님, 언제나 저에게 하나님으로 계서주시기 바랍니다. 그렇지 않으시다면 저는 차라리 죽는 것이 낫습니다. 하나님 이외의 다른 신을 생각한다는 것은 있을 수 없는 일입니다"라고 기도하게 될 것이다.

참예배는 애정의 대상을 바꾸겠다는 생각은 꿈에서조차 하지 않을 정도로 하나님을 향한 인격적인 사랑에 빠져드는 것이다.

6장 불타오르는 열정으로 하나님과 교제하라

우리는 하나님을 향한 열정으로 불탈 때까지 그분을 묵상하고 그분과 교제해야 한다. 우리는 모세처럼 하나님의 빛을 받아 우리의 얼굴이 달아오를 때까지 그분과 교제해야 한다. 이런 열정이 없이 냉랭한 가슴으로 하나님을 받아들이기에는 그분은 너무나 뜨거운 분이시다.

하나님과 함께 사는 것은 어려운 일이 아니다

우리가 하나님과 함께 사는 것이 어려운 일이 아님을 배우는 것은 얼마나 멋진 일일까! 그분은 우리의 마음을 아시고, 우리가 티끌인 것을 기억하신다. 그분이 때때로 우리를 징계하실 때가 있는 것은 사실이다. 그러나 우리를 징계하실 때조차 하나님은, 아버지를 닮기 위해 날마다 찾아오는 불완전하지만 장래가 촉망되는 아들을 기뻐하는 아버지처럼 미소 지으며 징계하신다.

하나님과의 교제는 말로 표현할 수 없을 만큼 즐거운 일이다. 그분은 구속(救贖)받은 사람들과 교제하시는데, 그 교제가 다른 어떤 것 때문에 방해받지 않고 편안하게 이루어질 때, 우리의 영혼은 안식과 치유를 얻을 수 있다. 그분은 이기적이거나 신경질적이거나 변덕스럽지 않으시다. 그분은 어제나 오늘이나 내일이나 영원히 동일하시다. 우리가 우리의 행위로 그분 앞에서 완전히 의롭게 될 수는 없다. 그러나 그분을 즐겁게 해 드리는 것은 어려운 일이 아니다. 그분은 그분이 우리에게 먼저 주신 것 이상을 우리에게 요구하지 않으신다. 그분은 그분을 기쁘게 해드리려는 우리의 모든 노력을 즉시 알아주신다. 비록 우리의 노력에 부족한 점이 있다 할지라도 우리의 동기가 진실하다면 그분은 그 부족한 것을 즉시 잊으신다. 그분은 우리를 사랑하신다. 그분은 새로운 창조 세계의 은하계보다 우리의 사랑을 더욱 소중히 여기신다.

하나님을 만난 사람은 하나님이 아닌 다른 것을 찾지 않는다. 왜냐하면 그는 이미 우주의 근원이 되는 분을 찾았기 때문이다. 하나님을 만난 사람은 빛을 찾지 않는다. 왜냐하면 빛이 이미 그에게 비치고 있기 때문이다. 다른 사람들에게는 그의 확신이 편협함으로 보일 수도 있다. 그러나 그렇지 않다. 단지 그는 자기 경험을 확신할 뿐이다. 그는 다른 사람들이 하는 이야기를 듣고 믿는 것이 아니다. 그의 확신은 모사품이 아니며 성령에게서 직접 받은 원본과 같다.

돌들도 하나님을 찬양할 수 있다

성령님의 일차적인 사역은 잃어버린 영혼을 중생의 씻음을 통해 하나님과의 깊은 교제 가운데로 회복시키는 일이다. 이 일을 달성하기 위해서 그분은 회개하는 사람에게 그리스도를 계시하신다(고전 12:3 참조). 그런 다음 그분은 새로 태어난 영혼에게 그리스도의 얼굴에서 나오는 더 밝은 빛들을 비추어주신다. 그리고 '자원하는 마음'으로 신적(神的) 지식과 교제의 더 깊고 높은 단계에 이르도록 이끌어가신다(요 14:26 ; 16:13-15 참조). 우리가 그리스도를 알 수 있는 것은 성령님이 그런 능력을 주셨기 때문이다. 우리는 성령님이 허락하시는 만큼만 그리스도를 소유할 수 있다.

하나님은 '일하는 사람' 보다 '예배하는 사람'을 먼저 찾으신다. 현대인들은 '예배'를 잊어버리고 살지만 하나님은 예배하는 법을 모르는 일꾼을 기뻐하지 않으신다. 거룩하고 주권적인 하나님께서 능력은 있으나 도덕적 자질이 부족한 사람을 일꾼으로 사용하실 만큼 '일꾼 기근' 현상에 시달리고 있다고는 생각할 수 없다. 필요하다면 돌들도 하나님을 찬양할 것이며, 수많은 천사들이 몰려와서 하나님의 뜻에 순종하여 일할 것이다.

성령님이 우리에게 '봉사를 위한 능력과 은사'를 주기 원하시는 것은 사실이다. 그러나 성결과 신령한 예배가 더욱 중요하다.

하나님을 알기 위해서 우리는 어느 정도 하나님을 닮아야 한다. 왜냐하면 완전히 다른 두 존재는 서로 조화를 이루거나 교제를 나눌 수 없기 때문이다. 그러므로 우리는 우리의 성품이 하나님의 성품을 닮도록 모든 은혜의 방편들을 사용하여 노력해야 한다.

하나님을 더 깊이 알기 위해서 우리는 현대의 복음주의자들이 아무 근거 없이 되는 대로 설정해놓은 목표에 머물지 말고, 그 이상으로 올라가야 한다. 우리는 오직 하나님만 바라보아야 한다. 우리는 생기를 잃은 현대 기독교의 평균적 수준을 벗어나서 의도적으로 더 높이 비상해야 한다.

현대의 그리스도인들에게 가해질 수 있는 가장 큰 비난은, 그들이 그리스도를 마땅히 사랑해야 할 만큼 충분히 사랑하지 않는다는 비난일 것이다. 보수주의자들이 믿는 그리스도는 강하지만 그다지 아름다운 모습이 아니다. 그리스도를 향한 인격적인 사랑으로 불타는 사람을 찾기란 쉽지 않다. 보수적인 그리스도인들이 모두 성의 없이 찬송가를 부르는 것은 아니지만 마지못해 형식적으로 부르는 경우가 많다고 말해도 과언은 아닐 것이다.

'그리스도를 찬양한다'는 현재 유행하는 복음성가의 상당수도 왠지 공허하고 힘이 없다. 심지어 어떤 것은 남녀간의 이성적(異性的) 사랑의 분위기를 물씬 풍기기 때문에, 경건한 사람이 듣기에는 마치 작곡가나 가수가 '그들도 알지 못하는 분'에게 아첨하는 것처럼 느껴지기도 한다. 이런 노래는 유행가에 나오는 연인의 이름 대신 그리스도의 이름을 집어넣은 것 같은 느낌마저 준다.

하나님 안에서의 자유

우리와 하나님 사이의 관계가 완전해질수록 우리의 삶은 더욱더 단순해질 것이다. 형식적으로 만나 두터운 우정을 형성하지 못한 사람들 간에 서로 관계를 지속하려면 반드시 격식이 필요하다. 그러나 깊은 우정의 관계를 맺고 있는 사람들이 서로 마주 앉아 있을 때에는 그런 격식이 필요 없다. 왜냐하면 진정한 친구란 서로를 신뢰하기 때문이다.

하나님은 하나님과 우리 사이에 더 이상 격식이나 인위적인 자극이 필요 없을 정도로 서로 편안해지기 전까지는 만족하시는 법이 없다. 하나님의 참친구는 그분의 면전에서 오랜 시간 동안 아무 말도 하지 않고 앉아 있을 수 있다. 완전한 신뢰가 있다면 상대방을 안심시키기 위한 말이 더 이상 필요하지 않다.

그런 말은 이미 오래전에 있었다. 하나님을 사모하고 존경하는 마음이 있다면 그분 앞에서 얼마든지 말없이 평안하게 앉아 있을 수 있다.

그리스도에 대한 지식을 접한 사람은 외경심과 두려움을 느낀다. 이런 외경심과 두려움이 없다면 그분을 알 수 없다. 그분은 가장 친절한 분이지만 동시에 높고 강하신 주님이시다. 그분은 죄인들의 친구이시지만, 악인들에게는 공포의 대상이시다. 그분은 온유하고 겸손하시지만, 장차 이 땅에 오셔서 만민을 심판할 분이시다. 그분과 친밀한 관계를 맺은 사람은 누구도 그분 앞에서 경박하게 행동할 수 없다.

하나님이 우리를 창조하신 목적은 우리가 기쁨으로 예배하는 자들이 되게 하기 위함이었다. 그러나 죄는 우리를 다른 모든 것들로 이끌었으되, 우리를 예배로 이끌지는 않았다. 그러나 예수 그리스도 안에 나타난 하나님의 사랑과 긍휼로 인해 우리는 중생의 기적을 통하여 하나님과 다시금 교제를 나눌 수 있게 되었다.

우리가 오감(五感)을 통해 사물을 인식하듯이 그만큼 확실하게 우리는 하나님을 알 수 있다. 왜냐하면 우리의 마음속에 그분을 알 수 있는 인식 능력이 있기 때문이다. 우리가 물질적인 세계를 인식할 수 있는 것은 그런 인식이 가능하도록 주어진 능력이 우리에게 내재되어 있기 때문이다. 이와 마찬가지로 우리는 하나님과 영적 세계를 알 수 있는 능력을 부여받았다. 성령님의 감동에 따라 그 능력을 사용한다면 우리는 하나님과 영적 세계를 알 수 있다.

하나님의 능력을 간절히 사모하라

7장

아브라함, 다윗, 바울과 우리의 큰 차이점은 그들이 하나님을 찾고 발견하고, 찾고 발견하고, 찾고 발견했다는 것이다. 그들은 하나님을 간절히 찾았다. 그러나 우리는 어떤가? 우리는 주님을 영접하고 난 뒤에는 그분을 다시 찾지 않는다.

텔레비전을 꺼라

하나님의 능력을 부여받지 못한다면 나는 내 모든 사역을 그만둘 것이다. 하나님의 능력을 소유한 교회라면 사교클럽, 뜨개질 모임, 조기축구회 모임 같은 것만 제공하는 교회로 끝나지 않을 것이다.

하나님의 말씀으로 돌아가보라. 그러면 하나님의 친구들이 하나님을 얼마나 사모하고 갈망했는지 알 것이다. 아브라함, 다윗, 바울과 우리의 큰 차이점은 그들이 하나님을 찾고 발견하고, 찾고 발견하고, 찾고 발견했다는 것이다. 다시 말해서, 그들은 하나님을 끊임없이 찾았다. 그러나 우리는 어떤가? 우리는 주님을 영접하고 난 뒤에는 주님을 다시 찾지 않는다.

다른 것들을 제쳐두고 오직 하나님과 하나님의 말씀만을 추구하라. 텔레비전을 꺼라. 그 대신 하나님과 교제하고 하나님의 자비를 기뻐하라.

부흥은 자정을 넘어서 찾아온다

하나님을 받아들이는 능력, 즉 '하나님에 대한 수용성(受容性)'에는 어떤 한 가지 요소만 있는 것이 아니다. '영적 수용성'이란 영혼 안에서 몇 가지 요소들이 복합적으로 섞인 능력이다. 즉, 하나님에 대한 수용성이 있다는 것은 그분을 좋아하고, 그분에게 기울어지고, 그분에게 긍정적으로 반응하고, 그분을 소유하고 싶어 한다는 말이다. 이렇게 수용성에는 여러 요소가 있다. 이런 점을 고려할 때 우리는 한 걸음 더 나아가, 수용성에는 정도가 있다고 말할 수 있다. 다시 말해서 개인에 따라 수용성의 정도가 다르다고 말할 수 있다. 우리의 노력 여하에 따라 수용성은 증가할 수도 있고 감소할 수도 있다. 수용성은 하늘로부터 내려와 우리를 불가항력적으로 사로잡는 힘이 아니다. 그것이 하나님의 은사인 것은 사실이지만, 우리는 다른 은사와 마찬가지로 수용성을 이해하고 증가시켜야 한다. 그렇게 할 때 우리는 수용성을 허락하신 하나님의 목적을 이루어드릴 수 있다.

　다른 것들에는 도무지 관심이 없고 오직 영적인 것만 추구할 만큼 영적 갈망이 크지만 때때로 그 갈망을 충족시키지 못하는 사람이 생겨난다. 이런 사람은 교회에서 늘 기도 모임을 인도하는 사람들의 관습적이고 냉랭한 기도에 만족하지 못한다. 그의 강렬한 영적 갈망 탓에 다른 사람들은 그를 약간 귀찮은 존재로 여긴다. 그의 주변에 있던 그리스도인들은 당황해 하면서 머리를 절레절레 흔든다. 그러나 성경을 보자. 복음서에 보면, 눈먼 사람이 눈을 뜨기 위해 소리를 질렀을 때 제자들은 그를 꾸짖었다. 그러나 그 소경은 더욱더 소리를 지르지 않았는가? 이 사람도 소경과 마찬가지로 주변의 시선에 개의치 않으면서 더욱 부르짖는다. 자신의 조건이 충족되지 않았거나 기도의 응답을 방해하는 요소가 있다면 그는 늦도록 계속 기도한다. 그의 간절함은 그를 한밤중에도 교회로 오게 만든다. 부흥은 자정이 넘어서 찾아온다는 말은 그를 두고 하는 말인 듯하다.

TOZER ON WORSHIP AND ENTERTAINMENT

모든 것을 다 바쳐 하나님을 숭모하라

8장

하나님에게 매료된다는 것은 그분을 숭모(崇慕)하는 것, 즉 '그분을 우러러 사모하는 것'을 포함하는 일이다. 하나님을 숭모하는 것은 우리의 모든 것을 바쳐서 그분을 사랑하는 것을 의미한다. 그분을 숭모할 때 우리는 두려움과 경이감과 열망과 경외심을 가지고 그분을 사랑하게 된다.

예배와 경외심

감탄의 단계에 올라서지 못하는 예배는 기초적인 수준에 머물러 있는 것이다. 예배자가 오로지 자신과 자신의 평안에만 관심을 쏟는다면 그는 아직 어린애일 뿐이다. 우리의 예배가 감사에서 감탄으로 발전할 때 우리는 성장하기 시작한다. 우리의 마음이 '하나님의 선물'이 아닌 '하나님 자신'을 향한 고상한 존경심을 안고 그분에게 가서 닿는다면, 우리는 천국에 있는 복된 사람들이 가지는 이타적인 기쁨을 조금이나마 맛보게 될 것이다.

경외심은 아름다운 것이다. 안타까운 것은 우리가 사는 이

시대에는 경외심을 찾아보기 힘들다는 것이다. 교회는 신자들에게 진정한 경외심을 갖게 하려고 노력하지 않는다. 교회에 성화(聖畵)를 갖다놓고 창문을 스테인드글라스로 단장하고 교회 바닥에 값비싼 카펫을 깐다고 해서 경외심이 생기는 것은 아니다. 모든 교인들이 경건한 분위기를 자아내기 위해 가식적인 음성으로 말한다고 해서 경외심이 생기는 것도 아니다. 그러나 성소와 지성소를 가르는 휘장을 젖히고 들어가 이사야의 하나님의 거룩한 얼굴을 잠깐이라도 본 사람은 결코 다시는 불경스러운 마음을 갖지 않을 것이다. 그의 마음에 자랑과 교만이 사라지고 경외심이 넘칠 것이며, 그는 겸손히 그의 발을 가릴 것이다.

예배의 신비적 요소

주(主)를 섬기기 위해서 얄팍한 인기 전술을 많이 사용해야 할 필요가 있는 사람은 없다. 하나님이 당신 안에서 일하시도록 마음을 열고, 당신의 마음 가운데 다른 우상을 두지 않는다면 당신은 어디에서나 하나님을 예배할 수 있다. 당신이 관절염 때문에 무릎을 꿇고 기도할 수 없다고 해도 당신은 마음속으로 하나님을 우러러보면서 기도할 수 있다. 왜냐하면 무릎을 꿇는다는 것이 기도의 본질은 아니기 때문이다. 기도는 우리의 마음을 하나님께 가닿도록 고양시키는 일이다. 이렇게 하나님을 드높이는 일이야말로 찬양하고 기도하고 예배하기 위한 우리의 필요조건이다.

각 사람은 개인적으로 하나님을 만나야 한다. 종종 이런 만남은 혼자 조용한 곳을 찾아 침묵할 때 일어난다. 이렇게 거룩한 순간에는 하나님과 그 사람만 존재하게 된다. 우리를 거듭나게 하는 하나님의 신비한 활동과 성령님의 기름 부으심은 너무나 개인적인 차원에서 일어나기 때문에, 제3자는 그런 일이 일어나는 것을 알지도 못하고 이해하지도 못한다.

오랜 세월 동안 사람들은 자신들이 마음속으로 느끼는 것을 나타내기 위해 여러 가지 표현을 발달시켜왔다. 그러나 우리가 무릎을 꿇고 거룩하신 하나님의 면전에 나아가 감히 말로 표현할 수 없는 것들을 보고 두려움과 경이감에 빠진다면, 우리의 표현력은 무색해질 따름이다. 이제까지 우리의 마음이 느끼는 것을 충실히 전해주는 종의 역할을 잘 수행해온 언어 역시 완전히 무력해져서, 마음이 듣고 보는 것을 전혀 표현해내지 못할 것이다. 이런 경외스러운 순간, 예배자는 오로지 "오!"라고 소리칠 수 있을 뿐이다. 이런 짧은 외침은 박식한 연설보다 더 감동적이며 어떤 웅변보다 하나님께 더욱 소중하다.

우리 그리스도인들이 이렇게 "오!"라고 소리칠 수 있으려면 조심해야 한다. 왜냐하면 오늘날 우리는 소위 '평안'을 전한다는 선지자들과 '안정'을 판매하는 세일즈맨들에게 속을 위험성이 있기 때문이다. 뿐만 아니라 우리의 기독교가 '복음주의적 휴머니즘'으로 전락할 위험 역시 늘 도사리고 있다. '복음주의적 휴머니즘'은 영적 문제에 대한 고민도, 깊은 묵상이 주는 평안도 모른다. 진실성이 없는 듯한 말로 유창하게 기도하는 습관에 빠지다보면 대개 우리의 기도는 자기 자신에게 이야기하는 식으로 흐르기 쉽다. 자신의 감정을 말로 표현하기 힘들 정도로 고민에 찬 '진지한 기도'를 드리는 대신, 기도제목이나 예의바른 감사의 말을 차분히 나열하는 식의 습관에 빠져 있다면, 우리는 이를 경계해야 한다. 왜냐하면 우리가 의식하든 못하든 그 다음 단계는 대개 영적 침체이기 때문이다.

예배보다 낭만에 빠진 사람들

복음주의적인 교회 어디서나 음란한 이 시대의 영향력을 느낄 수 있다. 집회에서 부르는 많은 곡에서도 성령님의 감화보다는 낭만적인 분위기가 더욱더 지배적이다. 그런 노래의 곡이나 가사는 욕망을 자극하는 데 초점이 맞추어져 있다. 그리스도를 모신다고는 하지만 그들이 그분에게 나타내는 친밀감은 그분이 누구인지 전혀 모르는 무지에서 비롯된 부적절한 것일 경우가 많다. 그것은 그분을 숭모하는 성도의 경외스러운 친밀감이 아니라, 육욕적인 연인(戀人)의 무례한 친밀감이다.

과거 하나님과 동행했던 사람들의 경험을 살펴볼 때, 우리는 주께서 우리를 완전히 다스리실 때까지는 우리를 온전히 축복하실 수 없다는 교훈을 배울 수 있다. 우리가 누리는 축복의 정도는 그분이 우리를 얼마나 완전히 다스려주시는가에 정확히 비례한다. 기독교 교리는 이 점을 너무나 소홀히 하며, 자신의 능력을 믿고 사는 이 시대의 많은 사람들은 이 점을 이해하지 못한다. 그렇지만 이것은 우리 모두에게 너무나 중요한 산 진리이다. 창세기는 여러 가지 예를 통해 이런 영적 진리를 잘 보여준다.

하나님은 우리를 찾기 위해서 우리의 전 인격이 그분의 인격에 온전히 순종하도록 만드는 수고를 아끼지 않으신다. 나는 지금 이것을 율법적인 차원이 아니라 실제적인 차원에서 말하고 있다. 즉, 나는 지금 그리스도에 대한 신앙으로 하나님께 의롭다 칭함을 받는 문제에 대하여 말하는 것이 아니다. 내가 말하고 싶은 것은 우리가 본래 그분에게 합당한 자리를 돌려드리기 위해서 자발적으로 하나님을 높여드려야 한다는 것이다. 하나님은 창조주이시고 우리는 피조물이므로 우리는 자발적으로 모든 것을 다 바쳐서 하나님께 경건히 복종해야 한다.

다른 무엇보다 우리는 하나님을 하나님으로 모시고, 하나님을 하나님으로 사랑하는 법을 배워야 한다. 우리가 그분을 점점 더 많이 알게 될 때 우리는 그분이 하나님이신 것을 무한히 기쁘게 여길 수 있다. 그렇게 될 때, 그분에게 감탄하고 그분을 경외하면서 보내는 시간이 가장 황홀한 시간이 될 것이다. 이렇게 거룩한 순간, 그분이 하나님이 아니시고 다른 어떤 존재가 되신다고 상상하는 일, 그것만으로도 우리에게는 견딜 수 없이 괴로운 일이 될 것이다.

우리는 하나님에게서 단절되어 있다

하나님이 우리를 지으신 것은 기쁨을 누리시기 위해서이다. 또한 하나님은, 그분뿐만 아니라 우리도 거룩한 교제를 통해 그분을 닮아가는 중에 그분과 연합하는 놀라운 신비를 누리도록 우리를 지으셨다. 그분은 우리가 그분을 보고 그분과 함께 살고 그분의 미소에서 생명을 얻도록 하기 위해 우리를 지으셨다. 그러나 밀턴(John Milton, 1608~1674. 영국의 시인으로 「실락원」의 저자 - 역자 주)이 사탄과 그의 사자(使者)들의 반역을 묘사하는 데 사용한 표현을 빌려 말하자면, 우리는 하나님께 '더러운 반역'의 죄를 범하고 말았다. 그리하여 우리는 하나님에게서 끊어졌다. 우리는 더 이상 그분에게 순종하거나 그분을 사랑하지 않게 되었고, 죄책감과 두려움 때문에 최대한 그분의 면전에서 멀리 도망했다.

하나님을 우러러보고 사모하는 사람들

하나님을 더욱 깊이 알 수 있는 길은 '영혼의 가난과 고도의 절제'라는 외로운 골짜기를 가는 것이다. 하늘나라를 소유한 복된 사람들은 눈에 보이는 것들을 거부하고 마음속 소유욕을 근절한 사람들이다. 그들은 심령이 가난한 자들이다. 그들은 예루살렘 거리를 활보하는 거지와 외형적으로 엇비슷한 수준의 내면적 가난 상태에 도달한 이들이다. 우리 주님이 '가난하다'고 말씀하실 때는 바로 이런 의미로 말씀하신 것이다. 이처럼 복되게 가난한 자들은 더 이상 물질의 노예가 아니다. 그들은 그들을 억압하던 소유욕의 멍에를 끊어버렸다. 그 방법은 '싸움'이 아니라 '포기'였다. 모든 소유욕에서 자유하게 되었으나 역설적으로 그들은 모든 것을 소유한다. 하늘나라가 바로 그들의 것이 되었기 때문이다.

하나님에게 매료된다는 것은 그분을 숭모(崇慕)하는 것, 즉 '그분을 우러러 사모하는 것'을 포함하는 일이다. 만일 당신이 나에게 '숭모'가 무엇이냐고 묻는다면, 나는 "우리가 숭모의 경지로 들어간다면, 예배의 모든 아름다운 요소들이 성령의 불로 훨훨 타오를 것이다"라고 대답할 것이다. 하나님을 숭모하는 것은 우리의 모든 것을 바쳐서 그분을 사랑하는 것을 의미한다. 그분을 숭모할 때 우리는 두려움과 경이감과 열망과 경외심을 가지고 그분을 사랑하게 된다.

창조주 하나님의 계시를 따르는 사람들은 하나님의 역사(役事)에는 반드시 목적이 있다는 것을 믿는다. 그분이 우리를 창조하셨을 때, 거기에는 반드시 거룩한 목적이 있었다는 점을 우리는 확신한다. 그분의 형상대로 지음 받은 남자들과 여자들이 이 세상 다른 무엇보다 그분과의 교제를 갈망하게 되는 것, 그것이 명확한 하나님의 뜻임을 믿는다. 우리가 만물을 창조하고 유지하시는 분을 숭모하며 예배하는 중에 그분과 온전한 교제를 나누는 것이 그분의 창조 목적이다.

하나님은 우리를 그분 가운데로 더욱 깊숙이 이끌고 들어가기 원하신다. 우리가 성령님이 가르치시는 학교에서 배워야 할 것은 많다. 성령님은 먼저 우리를 사랑하시는 하나님을 우리가 사랑할 수 있도록 인도하신다. 성령님은 우리가 더욱 하나님을 숭모하며 그분의 위대하심에 감탄하도록 인도하신다. 왜냐하면 우리가 그렇게 하는 것이 당연한 일이기 때문이다. 성령님은 하나님께 매료되는 것이 참예배의 복된 요소임을 우리 각 사람에게 드러내기를 원하신다. 성령님은, 하나님이 어떤 분인지 알고 지극히 기뻐하고 예배하면서 도덕적 정열에 불타는 것이 얼마나 복된 일인지를 우리에게 가르쳐주고자 하신다. 성령님은 전능하신 하나님이 얼마나 높고 크시며 영광스러우신지를 우리가 알고 놀라기 원하신다.

성령님이 가르쳐주시는 이 모든 것은 끝이 아니라 시작일 뿐이다. 이 점을 배운 우리는 하나님과 교제를 시작할 수 있다. 그분과의 교제를 어디에서 끝내야 할지 아는 사람은 없다. 왜냐하면 실상 성삼위(聖三位) 하나님의 깊은 신비에는 끝도 없고 한계도 없기 때문이다.

하나님과의 감미로운 관계 속으로 들어오면 우리는 그분의 위대하심에 놀라 경외심에 빠지며, 숨죽이고 그분을 숭모하며, 무한히 그분에게 매료되며, 그분의 속성을 알고 감탄하며, 절대적 침묵 속에서 우리를 가까이하시는 그분을 느끼게 된다.

안타까운 현실

안타깝게도 이제 대부분의 집회에서는 하나님을 향한 경외심을 찾아보기 힘들게 되었고, 몸 된 교회의 연합을 맛볼 수 없으며, 엄숙함과 고요함과 경이와 거룩한 두려움과 하나님의 임재를 느낄 수 없다. 그 대신, 때로는 맥 빠진 듯한, 때로는 공연히 목청만 높이는 찬송 인도자가 어색한 농담을 늘어놓곤 한다. 또 회중이 부를 곡을 소개할 때마다 사회자가 각 순서의 진행을 매끄럽게 하려고 애쓰면서 한물간 개그맨이 사용하는 대사나 은어를 동원하기도 한다.

성령님께서 구속(救贖)받은 사람의 마음 가운데 온전한 통제권을 행사하시도록 한다면, 우리의 집회는 다음과 같이 자연스럽게 진행될 것이다. 우선 기도와 간증과 말씀 증거를 통해 뜨겁게 하나님께 영광을 돌리고 그분을 높인다. 미리 준비해둔 말로 다 표현할 수 없을 만큼 감정이 고조되면 찬송이 터지기 시작하고, 그러다가 하나님의 충만한 영광이 찬송을 압도하면 침묵의 단계가 시작된다. 거기서 우리의 영혼은 하나님의 위대하심과 사랑에 완전히 매료되며, 자신이 말로 다할 수 없이 큰 복을 받았다고 느낀다.

하나님께 복을 받을 사람은 즉시 성령님이 개인적으로 주목하시는 대상이 된다. 이런 사람은 다른 교인들이 신앙적으로 뜨거워지기를 기다릴 필요가 없다. 그는 영적으로 잠들어 있는 형제들 탓에 징계를 당하는 일도 없다. 그들이 계속해서 잠자느라 그를 따라오지 않는다 할지라도 하나님은 그에게 복을 베푸신다. 신자를 대하실 때 하나님은 마치 그 신자 한 사람만 존재하는 것처럼 철저하게 개인으로 대하신다.

자복의 필요성

교회 역사상 이 시점에서 가장 필요한 것은 흔히 말하는 전도를 통한 영혼 구원이나 해외 선교기관의 설립, 또는 이적(異蹟)이 아니다. 이런 것들은 결과로 주어진 것뿐이다. 현재 가장 필요한 것은 스스로 그리스도인이라고 말하는 사람들이 하나님께, 그리고 서로에게 자복하는 일이다. 그들이 자복해야 할 내용은 이런 것이다. 그들이 잘못된 길로 가고 있으며, 세상적이며, 낮은 도덕적 상태에 머물러 있으며, 영적으로 냉랭하다는 것이다.

우리는 이제 수많은 비성경적 활동을 중단하고, 우리가 보냄을 받지 않은 곳으로 달려가는 행위를 즉시 중지하며, 우리의 육신적 프로젝트들을 '하나님의 영광을 위하여 주님의 이름으로' 추진한다는 미명하에 미화하는 행위를 중단해야 한다. 우리는 신약의 메시지와 방법과 목표로 돌아가야 한다. 의분(義憤)에 사로잡혀 성전에서 소와 양과 비둘기를 파는 모든 자들을 담대히 쫓아내고 환전상(換錢商)들의 상을 뒤집어엎어가며 성전을 정화해야 한다. 그런데 중요한 것은 이런 성전 정화가 바로 우리 삶 가운데 먼저 일어나야 한다는 것이다. 그런 다음 우리가 속한 교회에서도 일어나야 한다.

우리의 마음이 성령님을 통하여 영적 갈등에서 벗어나게 되면, 우리는 내주(內住)하시는 그리스도를 체험하는 놀라운 복을 누리게 된다. 우리의 마음이 하나님의 뜻에 복종하면 더 이상 하나님과 갈등을 일으키지 않게 되며, 그 결과 그분은 우리 안에서 아무런 제약도 받지 않고 우리와 조화를 이루며 사신다. 이런 상태에서 하나님은 우리 안에 그분의 생각들을 일깨워주신다. 즉, 하나님은 우리에 대한 생각, 그분 자신에 대한 생각, 죄인들과 성도들과 아이들과 창녀들에 대한 생각, 교회에 대한 생각, 죄와 심판과 지옥과 천국에 대한 생각을 일깨우시는 것이다. 하나님은 우리에 대하여, 하나님 자신에 대하여, 우리를 향한 하나님의 사랑에 대하여, 하나님을 향한 우리의 사랑에 대하여 생각나게 하신다. 하나님은 우리 안에서 이런 생각들을 하신다. 마치 신랑이 신부에게 구애하듯이, 하나님은 우리에게 구애하신다.

하나님을 숭모하라

영혼의 음악은 '숭모'(崇慕)이다. 천국의 음악은 숭모이다. 천국에 가면 우리는 하프를 연주하는 사람들이 오직 하나님만을 숭모하기 위해 연주하는 것을 볼 것이다. 그들은 '스위트 아드린느'(Sweet Adeline)나 '허클베리 힐'(Huckleberry Hill) 같은 대중가요는 연주하지 않을 것이다. 그들의 하프 연주는 오직 하나님을 찬양하고 숭모하기 위한 것이다. 성령세례를 받은 사람은 하나님을 숭모할 것이다.

나는 하나님을 향한 사랑으로 불타는 사람들과 교제하고 싶다. 나는 모든 세대 어디에서나 구주를 사랑하여 숭모의 노래를 부를 수 있는 남자들과 여자들을 찾는다. 다시 말해서 나는 그분을 즐거워하기 때문에 더 이상 오락적 재미를 추구하지 않으며, 그렇기 때문에 거짓 선생들의 희롱거리로 전락할 위험이 없는 남자들과 여자들을 찾는다. 예수 그리스도는 모든 것이며, 그분이 가장 중요한 분이시다.

우리는 하나님에 대해 감탄하고 그분을 두려워하고 숭모해야 한다. 그분을 숭모하고 싶은 본능이 우리에게 있다는 것을 부인해서는 안 된다. 하늘로 높이 치솟고 싶은 본능이 우리에게 있지 않은가? 다른 세계를 탐구하고 방대한 우주로 여행하고 싶어 하는 본능이 우리에게 있지 않은가? 이런 본능이 있는 것과 마찬가지로 우리에게는 하나님을 찾아 숭모하고 싶은 본능이 있다. 어떠한 다른 피조물도 이런 본능을 가지고 있지는 않다. 그들은 그것을 원하지도, 생각하지도 않는다.

나는 오직 숭모를 받기에 합당한 분을 숭모할 뿐이다. 하나님이 아닌 다른 존재 앞에서 결코 무릎을 꿇지 않으며, 두려움과 경이감과 열망과 경외심을 느끼지 않으며, "당신은 나의 것입니다"라고 소리칠 정도로 소유욕을 느끼지도 않는다.

우리가 하나님을 충분히 알고, 그분에 대한 신앙을 갖게 되고, 그분의 성품을 무한히 신뢰하게 되고, 그분의 위대하심 때문에 감탄하며 그분을 사랑하고, 그분의 아름다움에 매료되어 숭모할 때, 우리는 그분의 발 앞에 우리의 깊은 속을 다 쏟아놓기 원하게 될 것이다. 누군가 우리에게 그렇게 하도록 재촉할 필요도 없을 것이다. 진정으로 하나님을 만난 사람은 그렇게 하기를 원할 것이다. 그런 사람은 자신을 구별하여 온전히 하나님께 헌신하는 일을 그다지 어렵게 느끼지 않을 것이다. 그는 자진하여 자신을 하나님께 드릴 것이다.

어떤 사람을 존경하기는 하지만 그에 대해 감탄하지 않을 수도 있다. 신학적으로 하나님을 존경하면서 당신이 체험한 하나님을 경모(敬慕)하지 않는다는 것은 있을 수 없는 일이다. 왜냐하면 자신의 형상대로 인간을 만드셨을 때 하나님이 인간에게 그분의 크고 위대하심을 인식할 수 있는 능력을 주셨기 때문이다.

예수님이 탄생하셨을 때 두려움과 경이감을 가지고 그분을 찾아와서 찬양한 사람들은 목자들이었다. 성경에 따르면 그들은 두려워하며 그분을 찾아왔다고 한다. 그러나 이 두려움은 임박한 멸망을 두려워하는 그런 두려움이 아니었다. 미신적인 사람들이 금요일에 검은 고양이를 볼 때 느끼는 그런 두려움도 아니었다. 그것은 경건한 두려움, 마음을 치유하는 두려움이었다. 그것은 경외심과 경이감으로 가득한, 유익한 두려움이었다. 그때 이런 두려움을 느꼈던 그 목자들은 그후로도 오랫동안 경건에 큰 유익을 얻었을 것이다. 만일 우리가 그리스도 앞에서 경이감에 사로잡힌 채 무릎을 꿇을 수 없다면 우리는 교회에서 하듯이 의무적으로 경의를 표할 수는 있겠으나 마음에서 우러나와 그분을 예배할 수는 없을 것이다.

우리를 슬프게 하는 교회 예배

교회에 가면 나는 슬퍼진다. 왜냐하면 우리 세대는 예배 중에 성스러움을 느끼지 못하기 때문이다. 교회에서 양육된 많은 사람들에게는 하나님을 경외해야 한다는 생각이 없다. 이것은 그들이 하나님의 임재를 믿지 않기 때문인 것 같다.

많은 현대의 그리스도인들이 주일 아침 한 시간 동안 예배드리는 것만으로 하나님께 대한 충분한 숭모의 표현이 된다고 믿다니, 나는 참으로 이해가 되지 않는다. 그분은 그들을 창조하고 그들을 구원하여 자신에게 되돌려놓으신 거룩한 하나님이 아니신가!

나는 여러 차례 장례식에 참석한 경험이 있다. 그런데 장례식을 인도하던 목사는 고인이 바로 천국에 갔다고 설교했다. 그러나 나는 한편으로 이런 생각을 해보았다. '고인이 생전에 어떤 삶을 살았는지 살펴본다면 아마도 고인은 끊임없이 하나님을 찬양하고 숭모하는 천국이 너무 지겨워 눈물을 흘리고 있지 않을까?' 하고 말이다.

이것은 물론 나의 개인적인 견해이다. 그러나 나는 죽음을 통과한다고 해서 우리의 태도나 기질이 바뀔 것이라고 믿지는 않는다. 이 세상에서 천국에 대해 말하거나 노래하는 것을 불편해한 사람이라면, 죽음을 통과한다 해도 특별히 열성적이거나 성의 있는 삶을 살게 되지는 않으리라는 것이 나의 생각이다.

현재 하나님을 향한 예배와 숭모를 지겨워한다면 죽음 이후에도 역시 마찬가지일 것이다. 나는 하나님이 어느 누구라도 억지로 천국에 집어넣지는 않으신다고 믿는다. 나는 그분이 우리에게 "너는 땅 위에 있을 때 나를 예배하는 일에 흥미를 갖지 않았다. 그러나 천국에서는 네가 예배에 가장 큰 관심을 가질 것이다. 언제나 나를 예배하도록 만들어주겠다"라고 말씀하실 것이라고 믿지 않는다.

불타는 신자가 되라

신자들은 불타는 떨기나무가 되라는 부름을 받는다. 그들이 반드시 위대한 사람이 되거나 조직체를 만들거나 큰 사업을 추진하라는 부름을 받는 것은 아니다. 그들은 우리를 아름답게 만들어주는 하나님의 불을 마음속에 간직한 사람, 하나님을 만나는 위대한 체험을 통해 정화된 사람들이 되라는 부름을 받는다.

때때로 냉정하고 사실적이고 영향력 있는 신학자들 중 어떤 이들은 나를 신비주의자라고 비난한다. 나는 그들의 비난에 굳이 반박하지 않는다. 왜냐하면 신비주의자에 대하여 나는 "신비주의자는 성령님 안에서 예수 그리스도를 통하여 지금 하나님과 교제하는 것이 가능하다고 믿는 사람, 몸은 사람들 앞에 있지만 영은 하나님 앞에 있음을 느끼는 사람, 천국이 자기 주위를 온통 두르고 있다고 느끼는 사람이다"라고 정의(定義)하기 때문이다. 나를 이런 의미의 신비주의자로 규정하고 비난하는 사람들이 있다면 나는 나의 유죄를 인정한다. 그렇다! 나는 신비주의자이다.

'신비주의자'라는 말은, 성경시대의 성도들에게서 공통적으로 나타나는 영적이고 개인적인 체험, 그리고 성경시대 이후의 시대에 수많은 신자들에게서나 볼 수 있는 체험을 가리키는 말이다.

여기서 나는 복음주의적 신비주의자를 말하는 것이다. 즉,

복음을 통해 하나님과 깊은 교제를 나누는 사람을 가리켜 말하는 것이다. 이런 사람의 신학은 바로 성경에서 가르치는 신학 이상도 이하도 아니다. 그는 옛날에 선지자들과 사도들이 걸었던 진리의 길, 그리고 그후 여러 세기 동안 순교자들, 개혁가들, 청교도들, 복음전도자들, 십자가의 선교사들이 걸었던 진리의 길을 걷는다.

그는 흔히 볼 수 있는 정통 신앙의 그리스도인들과 다르다. 그 이유는 그들과 달리 그가 그의 존재의 깊은 곳에서 그의 신앙을 체험하기 때문이다. 그는 영적 실재(實在)의 세계에 거한다. 그는 자기 자신의 본성 안에, 그리고 그의 주변의 세상에 하나님이 임재하시는 것을 조용히, 깊이, 때로는 황홀경 속에서 의식한다.

그의 신앙적 체험은 기본적인 것이요, 시간의 역사만큼 오래된 것이다. 그것은 하나님의 영원한 아들과의 연합을 통해 하나님을 직접 아는 것이다. 그것은 우리의 지식을 초월하는 것을 아는 것이다.

TOZER ON WORSHIP AND ENTERTAINMENT

9장 참된 예배의 부흥을 주시는 성령을 간구하라

성령님이 사람들에게 임하셔서 그들의 시선이 그들 자신에게서 하나님의 아들에게로 바뀌도록 만들어주시는 것이 부흥이다. 하나님의 영이 새롭고 힘차게 활동하셔서 부흥이 일어날 때 예배의 열기가 고조된다.

인격체이신 하나님

현대의 과학자는 하나님 세계의 경이로운 것들을 좇다가 하나님을 놓쳐버렸다. 이와 마찬가지로, 그리스도인들은 하나님의 경이로운 말씀을 좇다가 하나님을 잃어버릴 위험에 처해 있다. 그분은 인격체이시기 때문에, 우리가 다른 사람들과 친해지기 위해서 노력하는 것처럼 우리도 그분과 친해지기 위해 노력할 수 있다. 본래 어떤 한 인격체는 다른 인격체들을 알 수 있는 능력을 가지고 있다. 그런데 인격체 서로간의 온전한 '앎'(인식)이란 단 한 번의 만남으로는 이루어질 수 없다. 상대방의 가능성을 전부 알려면 오랜 기간 동안 사랑의 교제를 나누어야 한다.

하나님을 찾으려는 우리의 시도가 성공할 수 있는 이유는 그분이 언제나 우리에게 자신을 나타내려고 노력하시기 때문이다. 하나님은 계시를 전해주기 위해 그 옛날 '먼 곳에서' 인간에게 잠깐 찾아오신 분이 아니다. 그분에 대해 이런 식으로 생각하는 사람이 있다면 그분을 오해한 것이다. 하나님이 인간을 찾아오시고 인간이 하나님을 찾아가는 것을 공간적인 개념으로 이해해서는 안 된다. 그분과 우리의 관계를 이해하는 데 물리적인 거리 개념이 동원되어서는 안 된다. 그것은 거리의 문제가 아니라 경험의 문제이다.

피조물의 조급함 때문인지는 몰라도 나는 종종 '현대의 그리스도인들을, 짧고 쉬운 교훈을 통해 고통 없이 깊은 영적 삶으로 인도할 수 있는 방법이 있으면 좋겠다!'라고 희망하곤 한다. 그러나 이런 바람은 헛된 것이다. 쉬운 지름길은 없다. 하나님은 우리의 조급함에 맞추어 일하시거나 인간의 '기계적' 방법을 채택하시는 분이 아니다. 그러므로 우리는 "하나님을 알고자 하는 사람은 그분에게 시간을 드려야 한다"라는 엄숙한 진리를 숙지해야 한다. 우리가 그분을 알기 위해 보내는 시간을 결코 낭비로 여겨서는 안 된다. 우리는 늘 묵상하고 기도하는 데 시간과 노력을 투자해야 한다. 옛 성도들, 영광스러운 사도들, 훌륭한 신지자들, 모든 세대의 거룩한 교회 신자들이 모두 그렇게 했다. 그들의 모범을 따르려면 우리도 그들처럼 해야 한다.

오직 성령의 능력!

우리의 영혼을 침체 상태에서 건져내려는 어떤 선생들의 노력도 부질없다. 왜냐하면 그들은 우리에게 자연스레 기쁨을 주는 것이 무엇인지 모르기 때문이다. 참기쁨의 근원이란 성령님이 주시는 내적 증거이다. 그러나 그들은 이상하게도 영적으로 얻을 수 있는 감동을 두려워한다. 그렇기 때문에 그들은 내적 증거를 가르치는 성경 구절, 그러니까 "성령이 친히 … 증거하시나니"(롬 8:16), 또는 "하나님의 아들을 믿는 자는 자기 안에 증거가 있고"(요일 5:10)와 같은 구절을 완전히 왜곡하여 해석한다.

지금 이 시점에서 교회에게 가장 필요한 것은 바로 성령님의 능력이다. 더 많은 교육, 더 잘 짜여진 조직, 더 세련된 장비, 더 발전된 방법, 이런 것들로는 우리의 근본적인 문제가 해결되지 않는다. 이런 것에 의지하는 것은 환자가 죽은 다음에 더 좋은 인공호흡 장치를 가져오는 것과 같다. 그것이 아무리 좋다고 해도 생명을 줄 수는 없다.

"살리는 것은 영이다"(요 6:63 참조).

그것이 아무리 좋다고 해도 능력을 줄 수는 없다. 능력은 하나님께 속한 것이다. 개신교가 연합전선을 구축함으로써 승리하려 한다면 그것은 잘못이다. 우리에게 가장 필요한 것은 조직적 연합이 아니라 성령님의 능력이다. 비유를 들어 말해보자. 공동묘지의 비석들이 나란히 줄을 서서 연합전선을 구축해본들, 정작 세상 사람들이 그 옆으로 지나갈 때 무슨 말을 하겠는가. 그저 무력하게 서 있는 것을 생각해보라.

성령님이 사람들에게 임하셔서 그들의 시선이 그들 자신에게서 하나님의 아들에게로 바뀌도록 만들어주시는 것이 부흥이다. 하나님의 영이 새롭고 힘차게 활동하셔서 부흥이 일어날 때 교회에서는 무슨 일이 일어나는가? 내가 관찰하고 연구한 바에 따르면, 부흥이 일어날 때 흔히 뒤따르는 현상은 예배의 열기가 고조된다는 것이다. 이런 열기는 은밀한 조작이나 조종의 결과가 아니다. 그것은 하나님을 갈망하고 사모하는 사람들에게 그분이 부어주시는 것이다. 예배를 사모하는 복된 현상은 영적으로 새롭게 될 때 일어난다.

TOZER ON WORSHIP AND ENTERTAINMENT

나를 찬양하지 말고 하나님을 찬양하라

10장

나는 우리가 우리 자신에 대해 너무 많이 말하는 것은 문제가 있다고 생각한다. 우리가 하나님에 대해 노래하는 찬송가를 부르지 않고, 우리 자신에 대해 말하는 복음성가를 부르기 시작했을 때 우리의 찬양은 사양길로 접어들었다.

찬송가 작가와 함께 드리는 예배

위대한 찬송가에는 오래전에 오직 그 찬송가를 남기고 이 땅을 떠난 고결한 성도의 순수하고 헌신된 마음이 고스란히 담겨 있다. 이런 찬송가를 부르거나 그 가사를 음미하는 것은, 은사를 부여받은 위대한 신앙인이 하나님과 깊이 교제하는 가운데 하나님께 드리는 아름다운 예배에 동참하는 일이다. 그것은 그리스도를 사랑하는 사람이 왜 자기가 그분을 그토록 사랑하는지 그 설명을 듣는 일이다. 또한 그것은 신부와 천국의 신랑(예수님) 사이의 끝없는 사랑의 밀어(蜜語)를 엿듣고 감동을 받는 일이다.

위대한 기독교 경건서적을 읽어보면, 역사상 위대했던 사람들은 모두 영적으로 온전해지려는 열망을 가지고 살았다는 것을 알게 된다. 그들은 신앙과 사랑과 헌신에 관한 훌륭한 책을 쓰고 아름다운 찬송가를 지어 우리에게 물려주었다. 이렇게 훌륭한 믿음의 조상을 가진 우리가 그들이 남긴 찬송가를 부르면서도 거기에 담긴 깊은 영적 의미를 모른다는 것은 참으로 부끄러운 일이 아닐 수 없다.

건전한 찬송가는 진리를 만들어내거나 계시하지 않고, 오직 진리를 보고 기뻐한다. 찬송가는 하나님을 신뢰하는 영혼이 계시된 진리 또는 성취된 사실을 보고 반응하는 과정에서 만들어진다. 하나님은 큰일을 행하시고, 인간은 그것을 노래하는 것이다. 하나님은 말씀하시고, 찬송가는 그분의 음성에 대한 음악적 반향이다. 하나님의 위대하심에 매료되고 감탄하는 마음에서 우러나오는 것이 찬송이다. 찬송가 작가들은 우리가 '하나님'이라고 부르는 분의 높으심과 크심과 거룩하심에 경이감을 느낄 정도로 그분에 대해 감탄했기 때문에 그것을 찬송으로 표현했다.

나는 이 세상의 어떤 다른 일을 하기보다 하나님을 예배하기 원한다. 나의 서재에는 찬송가책이 산더미처럼 쌓여 있지만, 나는 한 소절도 음악적으로 멋있게 부를 줄 모른다. 그렇지만 하나님은 그것에 개의치 않으신다. 하나님이 보시기에 나는 마치 오페라 스타처럼 보일 것이다. 그분은 내가 운율을 맞추어 만들어진 아름다운 찬송시들과 옛 찬송가들을 부를 때 귀 기울여 들으신다. 또한 그분은 내가 아이작 왓츠(Isaac Watts, 1674~1748. 영국의 비국교회파 목사로서 찬송시 작가이다. 우리 찬송가에도 그의 찬송시가 15편이 실려 있는데, 대표적인 것으로는 찬송가 141장인 '웬 말인가 날 위하여'가 있다 - 역자 주)와 찰스 웨슬리(Charles Wesley, 1707~1788. 영국의 유명한 찬송시 작가로서 존 웨슬리의 동생. 우리 찬송가에도 그의 찬송시가 16편이 실려 있는데, 대표적인 것으로는 찬송가 338장인 '천부여 의지 없어서'가 있다 - 역자 주) 같은 사람들의 아주 소박한 찬송가를 부를 때에도 그 소리를 들으신다.

찬송의 타락

이미 오래전에 기독교 음악은 '왜곡되고 약해진 신앙'의 희생물이 되었다. 잘못된 방향으로 가는 사람들을 바로잡기에는 너무나 소심한 성도들이 그들을 그대로 내버려두어서 무감각의 상태에 빠뜨렸다. 그들은 무감각한 상태에 너무나 오랫동안 머물러 있었기 때문에 거칠고 시끄러운 사람들로 변했다. 바로 이런 거칠고 시끄러운 사람들이 훌륭한 찬송가를 거부했다. 그 결과, 지난 한 세대 동안 우리는 여러 시대에 걸쳐 만들어진 찬송가의 황금 보고(寶庫)에 대해 완전히 무지한 그리스도인들을 만들어내고 말았다. 은으로 만든 트럼펫 대신 양철로 만든 나팔이 사용되고 있는데도, 교계 지도자들은 너무나 소심하여 그것에 항거하지 못한다.

위대한 찬송가의 신앙적 가치를 부인하는 자유주의적인 교회가 그런 찬송가들을 사용하고 있는 반면, 그 가치를 믿는 거듭난 그리스도인들이 그것을 사용하지 않는다는 것은 참으로 아이러니한 일이다. 대신 그들은 신학적 내용이 담겨 있지 않은 찬송가들을 사용한다.

잘못된 것을 보고도 참는 것이 '사랑'이라는 잘못된 생각은 우리의 찬송가와 기독교 문학을 망쳤다. 뿐만 아니라 우리의 교회생활의 거의 모든 면에 막대한 피해를 주었다. 복음을 믿는 그리스도인들이 공적 집회에서 그들의 기쁨을 표현하는 데는 과거, 성경책과 찬송가책으로도 충분했다. 지금은 스스로 그리스도인이라고 하는 사람들의 이교적(異敎的) 취향을 만족시키기 위해 수많은 소도구와 장치가 동원되고 있다.

나는 우리가 우리 자신에 대해 너무 많이 말하는 것은 문제가 있다고 생각한다. 우리가 하나님에 대해 노래하는 찬송가를 부르지 않고, 우리 자신에 대해 말하는 복음성가를 부르기 시작했을 때 우리의 찬양은 사양길로 접어들었다고 누군가가 지적했다. 과거에 사람들은 "거룩 거룩 거룩 전능하신 주여" 또는 "영광의 왕께 다 경배하며" 같은 찬송가를 부르며 하나님의 위대하심을 선포했다.

그후 우리는 오직 우리 자신에 대하여 이야기하는 잘못된 상태에 빠지고 말았다. 우리는 "나는 기뻐요, 나는 복 받았어요, 나는 행복해요, 나는 즐거워요"라고 말하느라 바쁘다. 모든 것이 나를 중심으로 돌아간다. 그러나 우리는 천국과 지옥의 차이가 바로 하나님과 나의 차이라는 것을 깨달아야 한다. 예수님은 자신의 뜻보다 하나님의 뜻을 우선하고 자신을 부인하심으로써 구주가 되셨다. 반면 마귀는 "내가 하늘에 올라 하나님의 뭇별 위에 나의 보좌를 높이리라"(사 14:13)라고 말하면서 자기 뜻을 추구했기 때문에 사탄이 되었다.

교리는 찬송에 영향을 끼친다

찬송이 아름다운 이유는 하나님을 사모하는 것이기 때문이다. 찬송을 부르는 사람은 자기가 하나님을 발견했다는 것을 찬송 중에 깨닫는다. 불과 한 세대 전만 해도 우리 믿음의 조상들은 "주님의 발자취를 보고 내가 따르리라"라고 찬양했다. 그러나 이 찬송은 이제 큰 교회에서조차 더 이상은 들리지 않는다. 이 어두운 시대에 우리의 선생들은 우리가 더 이상 하나님을 찾을 필요가 없다고 잘못 가르쳤다. 그들은 처음에 그리스도를 영접하기만 하면 그 다음으로는 할 것이 없다고 가르쳤다. 그 결과 우리는 하나님이 우리의 영혼에 나타나시기를 더이상 갈망하지 않게 되었다. 우리는 그리스도를 발견했으면 더 이상 그분을 찾을 필요가 없다고 주장하는 잘못된 신학의 덫에 걸려든 것이다. 이 주장이 정통 신앙의 최종적 교리로 우리 앞에 제시되었고, 성경을 공부한 그리스도인은 당연히 이렇게 믿는다고 사람들은 생각하게 되었다.

만일 진정으로 하나님을 찾고 예배하고 찬양하는 교회가 그들의 생각에 도전하면 그들은 그 도전을 단호히 거부한다. 그들은 그리스도의 향기를 풍기는 수많은 성도들의 체험에서 우러나오는 신학을 거부하고, 대신 독선적인 성경 해석에 빠져든다. 어거스틴, 사무엘 러더퍼드, 데이비드 브레이너드(David Brainerd, 1718~1747. 북아메리카 인디언들에게 복음을 전한 선구적 선교사 - 역자 주) 같은 신앙인들이 그들의 성경 해석을 들었다면 고개를 좌우로 흔들었을 것이다.

3부 사이비 예배를 중단하라

A.W. TOZER ON WORSHIP and ENTERTAINMENT

'종교적 쇼'에는 악취가 난다. 종교적 쇼의 진행자들이 성소로 들어갈 때 그들은 여호와께 이상한 불을 드리는 위험스러운 짓을 하는 것이다. 최악의 경우 종교적 쇼는 신성모독이 될 수 있다. 아무리 좋게 봐주어도, 그것은 기도와 성령님의 감동을 대신하려는 가련한 시도에 불과하다. 그들은 그리스도를 위해서 그러는 것이 아니라 자신들의 육신적 욕구를 충족시키기 위해서 애쓰는 것이다. •••••••••••••••••••••••••••••••••••••••

TOZER ON WORSHIP AND ENTERTAINMENT

11장

쇼비즈니스 연예오락이
예배를 타락시키고 있다

종교적 연예오락이 그리스도의 교회를 너무나 타락시켰기 때문에, 수백만의 사람들은 그것이 이단이라는 사실조차 알지 못한다. 전 세계 수백만의 복음주의자들은 종교적 연예오락에 몰두해 있다. 그들은 연예오락이 묵주를 세는 것만큼 이단이라는 사실을 알지 못한다.

연예오락이 없으면 견딜 수 없는 사람들

우리 시대의 사람들은 모든 것이 극적이어야 만족한다. 만일 하나님이 극적인 것을 만들어내지 않으신다면 우리는 하나님이 일하시는 것조차 원하지 않는다. 우리는 하나님이 수염을 기르고 지팡이를 짚고 특이한 복장을 하고 나타나시기를 원한다. 우리는 하나님이 우리의 생각대로 역할을 담당하시기를 원한다. 심지어 어떤 사람들은 하나님이 다채로운 배경과 불꽃놀이까지 제공해주시기를 원한다.

오늘날 어떤 사람들은 그들의 종교가 돌아가도록 만들기 위해 몇 트럭 분량의 소도구들을 사용하기도 한다. 그런 사람들을 보면 나는 "화려한 장식과 특이한 소도구의 도움을 받을 수 없다면 어떻게 하겠느냐? 당신들이 설교하러 돌아다니는 곳마다 트럭에 한가득 짐을 싣고 따라다닐 수 있는 것은 아니지 않느냐?"라고 묻고 싶은 심정이다.

슐라이어마허(F. E. D. Schleiermacher, 1768~1834. 독일의 신학자로서 '현대신학의 아버지'라는 평가를 받는데, "종교는 절대 의존의 감정이다"라고 주장했다 - 역자 주)는 "의지하는 감정, 즉 의존감은 모든 예배의 근간이다. 영적으로 아무리 높은 단계에까지 올랐다 해도 그 시작은 언제나 자신의 부족을 절감하는 데 있다. 물론 하나님만이 그 부족을 채워주실 수 있다"라고 주장했다. 그의 말대로 자신의 부족을 인식하는 의존감이 자연종교의 뿌리에 놓여 있는 것이 사실이라면, 왜 그토록 많은 사람들이 '연예오락'(entertainment)이라는 신(神)을 숭배하는지 쉽게 이해할 수 있을 것이다. 그들은 연예오락을 의지하는 것이다. 연예오락 없이는 살 수 없는 사람들이 너무 많다. 그들은 연예오락 없는 삶을 도저히 견딜 수 없다. 마치 마약 중독자가 날마다 헤로인을 맞지 않으면 견딜 수 없는 것처럼, 그들은 연예인들이나 기타 다른 심리적 중독이 주는 위안을 얻지 않고서는 살 수 없다. 그런 위안이 없다면 그들은 현실에 맞설 용기를 얻지 못한다.

현대 복음주의자들의 실패 원인은 무엇인가? 그것은 과거의 성도들이 소중히 여겼던 하나님과의 관계와 경건의 훈련이 그들에게 없기 때문이다. 현대 크리스천들이 보기에 그런 것들은 너무 진부하고 너무 느리다. 그들은 화려한 매력과 빠른 극적(劇的) 활동을 원한다. 버튼만 누르면 모든 것이 척척 돌아가는 자동화시대에 성장한 크리스천들은 목표에 도달하는 방법이 느리고 우회적인 것을 참지 못한다. 그들은 기계적인 방법들을 하나님과의 관계에서도 적용하려고 노력해왔다. 그들은 성경을 한 장 읽고 짧게 기도한 다음 황급히 바깥으로 나간다. 왜냐하면 또 다른 집회에 가거나 아니면 최근 먼 곳에서 돌아왔다는 종교적 모험가의 스릴 넘치는 간증을 듣고 자기 내면의 깊은 영적 공허를 메우기 위해서이다.

이런 얄팍한 신앙의 비극적인 결과는 도처에서 발견된다. 깊이 없는 사랑, 속 빈 신앙관, 재미에 치우치는 신앙 집회, 사람에게 영광을 돌리는 일, 종교적 형식에 의지하려는 태도, 동호회 모임과 같은 친교 활동, 세상적 판촉 활동의 도입, 인간의 열정을 성령님의 능력으로 착각하는 오해, 이런 것들이 바로 그런 비극적 결과들이다. 이것은 악한 병, 즉 심각한 영혼의 병적 증상들이다.

목회자들에게 가해지는 압박

정신없이 바쁘게 돌아가는 시대에 사는 목회자와 교회는 질적 가치를 희생해서라도 양적 팽창을 추구하고, 정상적인 성장을 통해서 얻을 수 없는 것을 과장을 통해서라도 얻고자 하는 유혹에 시달린다. 각양각색의 사람들로 구성된 대중은 소리 높여 양적 팽창을 주장하며, 영원하고 충실한 가치를 추구하는 목사를 용서하지 않으려고 한다. 목회자의 느린 방법을 비웃으며 빠른 결과와 인기 영합만을 요구하는 '잘못 배운' 교인들이 목회자에게 잔인하게 압력을 가한다. 이런 교인들은 그들이 즐겁게 휘파람을 불 때 목회자가 춤추지 않는다고, 그들이 변덕이 나서 슬픈 피리 소리를 낼 때 목회자가 울지 않는다고 불평한다. 그들은 스릴 넘치는 일에 목말라 있다. 그러면서도 감히 나이트클럽에는 가지 못하겠고 그런 것들을 도리어 교회 안으로 끌어들이라고 요구하는 것이다.

연예오락과 흥밋거리에 따라서 운영되는 교회는 신약성경이 보여주는 교회의 참모습과는 거리가 멀다. 얄팍한 자극을 갈망하는 욕구는 인간의 타락한 본성을 극명하게 보여주는 표시이다. 그리스도께서 돌아가신 것은 바로 이런 본성에서 우리를 구하기 위함이었다. 주일마다 사이비 기독교의 자극으로 짜릿함을 느껴보려는 '세례받은 속물 집단'은 참신자들의 무리와 아무런 관계가 없다. 말로는 성경을 믿는다고 주장해도 그들은 참그리스도인들의 무리에 속하지 않는다.

"나더러 주여 주여 하는 자마다 천국에 다 들어갈 것이 아니요 다만 하늘에 계신 내 아버지의 뜻대로 행하는 자라야 들어가리라"(마 7:21).

종교적 쇼를 중단하라

하나님께서 사람들이 자신들의 잘못을 깨닫게 해주시도록 기도하자. 오늘날의 기독교는 너무 대중화되었기 때문에 영화관에서도 종교영화를 볼 수 있고, 라디오나 댄스파티에서도 기독교음악을 들을 수 있다. 기독교는 또 하나의 오락이 되어버렸다. 복음주의자인 우리는 우리의 참모습을 인정하지 않으려는 경향이 있다. 기독교가 매우 대중적인 종교인데도 우리는 거의 능력을 발휘하지 못한다. 왜 그런가? 우리에게 죄의 깨달음과 회개와 경건한 슬픔이 거의 없기 때문이다.

과거의 기독교 저술가들은 '영혼을 비워야 할 때'에 대해 자주 언급했다. 그것은 우리 영혼에서 세상적인 것들을 몰아내어 깨끗이 비운 다음 하나님으로 채우는 때를 의미한다. 그러나 우리는 이미 지나치게 육신에 치우쳐 있기 때문에 우리의 마음을 비우려고 하지 않는다. 육신의 행복에 대한 집착이 너무 강하기 때문에 우리가 성령님으로 말미암아 행복감을 얻지 못할 경우 다른 어떤 방법을 통해서라도 행복해지려고 매우 애를 쓴다. 그 방법 중 하나가 종교적 '로큰롤'(rock-and-roll)을 즐기는 것이다. 우리는 큰 드럼을 신나게 두들기면서 행복감을 느낀다. 당신이 원한다면 이런 식으로라도 즐거움을 얻을 수 있을 것이다. 그러나 이런 방법을 좋아하지 않고 오히려 영원히 열려 있는 아리마대 요셉의 새 무덤(예수님의 시신을 장사지낸 무덤 - 역자 주)에서 흘러나오는 기쁨을 원한다면, 즉 당신 안에서 영원히 샘솟는 생수의 근원이신 성령님이 주시는 기쁨을 원한다면, 당신은 외로움과 텅 빈 느낌과 자신에 대한 절망을 느낄 것이다. 그 결과 '나의 신앙이 퇴보하는 것인가?' 라는 의구심을 갖게 될 것이다. 그러나 안심하라. 당신의 신앙은 퇴보하는 것이 아니다. 오히려 당신은 하나님과 함께 전진하는 것이다.

당신에게도, 나에게도, 우리 모두에게도 십자가가 있다. 이 십자가는 개인적이고 내적이며 체험으로 알 수 있는 것이다. 십자가는 자발적으로 지는 것이다. 십자가를 지는 일은 힘들고 쓰라리고 아프다. 그러나 십자가를 지는 사람은 그리스도를 위해서 십자가를 지고, 그로 말미암아 생기는 고통을 참으며, 부끄러움을 개의치 않는다.

그러나 우리가 속해 있는 복음주의 진영의 사람들조차 "십자가는 예수님이 지셨으니 우리는 이제부터 즐겁고 행복하게 살면 된다"라고 말한다. 그러나 갈보리 언덕 위에 서 있는 십자가는 우리 마음속의 십자가가 되어야 한다. 갈보리 언덕의 십자가가 성령님의 기적적인 은혜로 말미암아 우리 마음의 십자가로 바뀔 때 우리는 십자가의 의미를 알게 될 것이다. 그때 십자가는 우리에게 능력의 십자가가 될 것이다.

쾌활하고 자신감에 차 있기는 하지만 그리스도와 그분의 십자가와는 그다지 닮지 않은 그리스도인들도 있다. 그들은 경축의 종을 울리는 일을 좋아하고 마치 게임 쇼의 진행자처럼 활력이 넘친다. 그들은 자기들이 그리스도를 위해서 산다고 말한다. 그러나 그들은 외식하는 자들이다. 그들은 그리스도를 위해서 그러는 것이 아니라 자신들의 육신적 욕구를 충족시키기 위해서 애쓰는 것이다. 그들은 다만 세상의 나이트클럽에 마음 놓고 갈 수 없어서 교회를 나이트클럽처럼 활용하는 것뿐이다.

'종교적 쇼'에는 악취가 난다. 종교적 쇼의 진행자들이 성소로 들어갈 때 그들은 여호와께 이상한 불을 드리는 위험스러운 짓을 하는 것이다. 최악의 경우 종교적 쇼는 신성모독이 될 수 있다. 아무리 좋게 봐주어도, 그것은 기도와 성령님의 감동을 대신하려는 가련한 시도에 불과하다. 그것은 언제나 불필요한 일일 뿐이다. 교회 연극은 대부분 저급하고, 아마추어 수준에 머물러 있다. 그런 연극을 관람하는 사람들은 성령님을 근심하게 만든다. 뿐만 아니라 그들은 끔찍이도 형편없는 연예오락을 즐기려고 돈을 지출하였으니 결국 바가지를 쓴 셈이다.

참기쁨이 없는 곳

복음주의적 기독교인들이 그 많은 카우벨(cowbell, 무용 음악에 쓰이는 타악기 - 역자 주)과 연주용 톱과 쇼와 영화와 흥미로운 도구들을 사용하고, 사람들을 부추겨 축하해주고, 분위기를 북돋으려고 애쓰는 이유는 무엇인가? 그것은 그들이 주님이 주시는 기쁨을 알지 못하기 때문이다. 주님의 기쁨으로 넘치는 사람은 다른 것은 아예 찾지 않는 법이다.

기쁨이 없는 사람들은 기쁨을 만들어내려고 애쓴다. 하늘에 계신 하나님은 이런 어리석은 사람들에게 더 인내하시며 더 친절하실 것이다. 그러나 그토록 친절하고 인내심이 많으신 하나님조차 그들이 사용하는 소위 '카우벨'들을 매우 불쾌하게 여기실 것이다. 왜냐하면 그들은 참기쁨의 근원이 되시는 성령님의 기쁨의 샘이 메마르게 되면 금세 카우벨에 의지하기 때문이다. 기쁨의 우물에서 기쁨을 길어올릴 수 없을 때 그들은 약간의 기쁨을 얻기 위해 펌프에 페인트칠을 하거나 낡은 펌프 손잡이에 종을 매달기도 한다. 그러나 그렇게 한다고 해서 기쁨의 물을 길어올릴 수 있는 것은 아니다.

 이제까지 기독교 예배의 질(質)은 점점 쇠퇴의 길을 걸어온 반면, 즐거움을 얻기 위한 종교적 연예오락은 계속 번성해왔다. 안타깝게도 기독교 지도자들은 인간의 마음이 진공 상태에 머물 수 없다는 점을 깨닫지 못했다. 사람들은 자기 마음속에서 기쁨을 찾지 못하면 다른 곳에서 기쁨을 찾으려고 애쓴다. 크리스천들은 성령님의 술을 즐길 수 없을 때 육신의 술을 찾는다. 지난 25년 동안 보수적 크리스천들이 그랬다. 기쁨이 없고 메말라 있는 마음을 달래기 위해 하나님의 백성은 세상의 오락거리에서 기쁨의 단물을 짜내려고 애썼다. 그들이 아는 유일한 종교적인 기쁨이란 복음성가를 대중가요처럼 부르는 것이다. 어떤 사람들은 종교영화를 보면서 눈시울을 붉힌다. 여러 교회에서 수없이 많은 오락거리가 환영을 받고 있다. 교인들이 하나님께 드린 십일조가 그런 오락거리로 낭비된다. 십일조를 드리는 교인들은 그들의 십일조가 그렇게 쓰여서는 안 된다는 것을 알아야 한다. 우리의 선생들이 우리가 하나님 안에서 행복할 수 있다는 것을 가르쳐주지 않아 우리는 참행복의 방법을 모른다. 그래서 결국 우리는 먹고 마시고 요란스레 행사를 치러야만 행복을 느끼는 체질로 변하고 말았다. 복음주의적 교회는 이런 체질을 바꾸지 못할지도 모른다. 설령 바꿀 수 있다고 해도 가까운 시일 안에는 힘들 것이다.

　오늘날 스스로 '그리스도인'이라고 고백하는 수많은 사람들은 성령님이 자기에게 반드시 필요한 분이라고 생각하지 않는다. 그들은 성령님의 불이 아닌 다른 불 옆에 서서 불을 쬐며 따뜻하게 기운을 북돋우는 방법을 배운 사람들이다. 더욱 잘못된 것은, 많은 출판업자들과 음반 제작자들이 그런 방법을 적극 권장한다는 점이다.

아마추어리즘을 경계하라

　오늘날 교회는 도처에서 출현하고 있는 아마추어들 때문에 고통당하고 있다. 훈련받지 못했고 준비되지 않았으며 영적이지 않은 야심에 찬 수다쟁이가 신앙의 길로 돌아선 것처럼 행세한다. 사람들은 그런 그를 보고 그의 말을 듣기 위해 강사료를 지불하고 무대에 세워 그를 도우려고 애쓴다. 그러나 그는 하나님의 말씀을 듣지 못한 자이다. 아마추어리즘은 도를 넘어서는 무모한 짓조차 서슴지 않는다. 그러므로 그런 자에게 현혹되는 사람들은 참예배자가 아니다. 하나님을 예배하는 자는 경우에 어긋나는 일이나 부적절한 행동을 하지 않는다. 참예배자는 세상적이고 육신적인 종교 프로젝트에 빠지지 않는다.

　참예배를 모르는 사람들은 다른 사람들의 돈을 엄청나게 낭비하는 셈이다. 그들의 차(車)는 차축이 큰 돌덩어리에 걸려서 공회전을 하느라 공연히 소음만 일으키고 기름만 낭비한 채 한 걸음도 앞으로 나가지 못한다. 하나님은 우리가 예배드리도록 부르셨지만, 현재 교회를 돌아보건대 예배는 보이지 않는다.

이 세상에서 영화관 다음으로 연예오락성이 강한 장소를 찾으라면 교회를 꼽을 수 있지 않을까. 만일 내가 영화를 한 편 보려고 한다면 내가 어디를 가야 최고급 연기자들이 출연하는 영화를 볼 수 있는지 나는 안다. 번화가로 가서 영화관으로 들어가면 된다. 거기에서는 영화계에서도 최고의 경지에 오른 배우들이 출연한 영화, 할리우드나 런던에서 제작된 훌륭한 영화가 상영되고 있다. 나는 결코 교회에 가서 엉터리 배우들이 만든 시시한 영화를 보지는 않을 것이다. 그런데 유감스럽게도 이런 영화가 미국의 복음주의적인 교회에서 상영되고 있다. 다른 어느 곳보다 더 많이 종교영화를 상영하는 곳이 바로 미국의 복음주의적 교회들이다.

예배를 드리려는 자는 스스로 준비해야 한다. 그 준비가 언제나 즐거운 것은 아니다. 왜냐하면 그는 필요에 따라서 자신의 삶의 어떤 것을 혁명적으로 바꾸어야 할 필요가 있기 때문이다.

예배는 연예오락이 아니다

거룩함 가운데 주 예수께 예배하는 것을 방해할 수도 있는, 추하고 보기 흉하고 불경스러운 것들이 우리 마음에서 제거되기를 나는 소망한다. 나는 대부분의 사람들이 이렇게 하는 것을 좋아하지 않는다는 것을 잘 안다. 세상은 나의 이런 말을 듣기 싫어한다. 복음주의 진영에 있는 '반쪽짜리 구원을 얻은 교회들' 역시 이런 말을 듣고 싶어 하지 않는다. 그들은 교화(敎化)를 받는 동시에 연예오락을 즐기기 원한다. 그들은 "나를 즐겁게 해주고, 고통 없이 나를 교화해주세요"라고 말한다.

이기적인 목적으로 하나님을 이용하려는 현대인의 어리석은 노력을 보여주는 예가 있다. 여기에 한 코미디언이 있다. 거듭된 실패 이후 그는 그가 '하나님' 이라고 부르는 분에게 이렇게 약속한다.

"하나님이 저를 연예인으로서 성공하게 만들어주시면 병상의 아이들을 위해 후원금을 두둑이 내는 것으로 그 은혜에 보답하겠습니다."

이렇게 약속한 후 얼마 안 되어 그는 나이트클럽과 텔레비전의 황금 시간대에 출연하게 되었다. 그는 아동병원을 짓기 위해 거액의 돈을 기부함으로써 자기가 했던 약속을 지켰다. 그는 이러한 자선이 인간이 노력으로 얻은 보잘것없는 분야의 성공과 맞바꿔야 할 작은 대가라고 느낀다.

  이 연예인의 행동이 20세기 이교도의 행동으로서는 당연하다고 옹호해주고 싶은 사람도 있을 것이다. 하지만 내가 문제 삼고자 하는 것은, 북미의 수많은 복음주의적 기독교인들이 하나님께서 이 연예인과 실제로 이런 거래를 하셨다고 믿는다는 사실이다. 그들이 하나님에 대해서 이렇게 저급하고 잘못된 견해를 갖고 있기 때문에 오늘날 서양인들 사이에서 하나님이 그토록 인기가 있는 것이다.

  일반적 그리스도인은 뜨개실 뭉치를 발견하고 그것을 가지고 열심히 놀다가 결국 뜨개실 고치 속에 갇혀버린 새끼고양이 신세라고 할 수 있다. 이렇게 된 새끼고양이는 자기 힘만으로는 그 고치에서 빠져나올 수 없다. 단지 그 안에서 낑낑거릴 뿐이다. 누군가 와서 실을 풀어 그 놈을 꺼내주어야 한다. 우리는 단순해지려고 노력해왔지만 오히려 너무 복잡해졌다.

  오늘날 아주 많은 교회 건물과 종교 기관의 건물들이 건축되고 있다. 과거 같으면 교회 건축을 큰 돈벌이 수단으로 여기지 않던 건축업자들도 지금은 교회와 건축 계약을 맺으려고 열을 올린다. 교회 신자의 증가율이 인구 증가율을 앞지른다. 갖가지 종교가 사회의 각계각층과 각 연령층의 사람들 중에서 개종자를 얻으려고 애쓴다. 특히 젊은이들과 어린이들을 개종시키려고 열성이다. 그들은 확성기를 장치한 선전 트럭, 라디오, 텔레비전, 전철 광고, 광고 게시판, 네온사인, 음료수 병과 풍선을 이용한 광고 등을 활용한다. 또 그들은 드라마, 마술사, 훈련된 말과 개와 카나리아, 복화술(腹話術)을 하는 사람 등을 이용하여 사람들에게 기독교에 대한 흥미를 불러일으키려고 애쓴다.

수많은 동업자 조합, 상공인 클럽, 비즈니스맨 협회에서도 기독교에 관심 있는 사람들을 위한 모임과 교제를 제공하는 데 앞장서겠다고 나선다. 직업적인 연예인들의 레퍼토리에 기독교적인 노래가 포함되는가 하면, 나이트클럽의 연예인, 프로권투선수, 유명 영화배우, 심지어 감옥에 갇힌 갱(gang)도 기독교를 퍼뜨리는 데 앞장선다. 그러나 이 갱은 이제까지 살아온 자신의 삶의 방식에 대하여 아직까지 애통해 하거나 회개하는 증거를 보여주지 않았다. 놀랍게도 기독교는 이제 큰 사업이 되어버렸다.

교회 안의 연예오락

여러 세기 동안 교회는 온갖 형태의 세상적 연예오락에 대해 반대 입장을 분명히 견지해왔다. 왜냐하면 교회는 연예오락의 본질을 간파하고 있기 때문이다. 연예오락은 우리의 시간을 빼앗는 도둑이요, 마음을 불안하게 만드는 양심의 소리로부터 피할 수 있는 피난처요, 도덕적인 책임으로 관심을 돌리지 못하게 막는 교묘한 수단이었다. 이런 교회의 태도 때문에 이 세상에 속한 사람들은 교회를 강하게 비판했다.

그러나 최근에 교회는 세상의 비판에 염증을 내며 세상에 굴복하기 시작했다. 교회는 '연예오락'이라는 큰 신(神)을 이길 수 없을 바에야 차라리 그와 연합하여 그의 힘을 이용하는 편이 더 낫다고 잠정 결론을 내린 것처럼 보인다. 그 결과 오늘날 하나님의 자녀들에게 세상적 연예오락을 제공하는 데 수백만 달러의 돈을 쏟아 붓는 놀랍고 희한한 사태가 벌어지고 있다. 기독교적 연예오락이 정말 중요한 하나님의 일들을 몰아내고 대신 그 자리를 차지하는 일이 여러 곳에서 급속도로 퍼져나가고 있다. 많은 교회가 거의 삼류 극장과 유사해진 것이다. 거기서 삼류 제작자들이 저급한 작품을 퍼뜨리고 있다. 더욱 놀라운 것은 복음주의 지도자들이 그들의 비행(非行)을 변호하기 위해 성경 본문까지 인용할 정도가 되었다는 점이다.

'연예오락'이라는 큰 신(神)이 그의 추종자들을 즐겁게 해주는 방법은 주로 그들에게 이야기를 들려주는 것이다. 본래 어린아이의 특징이라고 할 수 있는 '이야기를 좋아하는 성향'이 오늘날 '성장이 더딘 교인들'의 마음을 사로잡았다. 그 결과, 적지 않은 사람들이 긴 이야기를 여러 가지 변형된 형태로 교인들에게 제공함으로써 짭짤하게 돈벌이를 할 정도이다. 어린이에게 자연스럽고 아름다운 일이라도 그것을 성인이 되어서까지 계속하려 한다는 것은 참으로 한심한 일이 아닐 수 없다. 그런 일이 성소에서 일어난다면, 또 진정한 기독교의 모습으로 간주된다면 더더욱 한심한 노릇이 될 것이다.

사람들의 다양한 견해 위에 우뚝 서야 하는 것은 바로 주님의 십자가이다. 결국 그들의 견해도 십자가 아래서 심판을 받아야 한다. 얄팍하고 세상적인 지도자들은 심지어 성소 내에서조차 연예오락을 좋아하는 기독교인들을 즐겁게 해주기 위해 십자가를 왜곡시킨다. 그러나 그렇게 하는 것은 영적인 재앙을 불러들이는 일이며, 어린양이 사자처럼 분노하시도록 만드는 일이다.

성숙한 신앙에 이르지 못한 부끄러운 기독교인들이 자꾸 기독교가 재미있어야 한다고 주장하기 때문에 희한한 단체들이 생겨나서 그들의 비위를 맞추려 애쓴다. 그렇다. 이런 사람들을 위해 기독교와 연예오락을 혼합하겠다는 목적 하나로 설립되고 존재하는 단체들이 생겨난 것이 사실이다.

나는 내가 언제 죽을지 결정할 권한이 없다. 그렇지만 솔직히 말하자면 나는, 하나님이 하나님의 진리를 듣고도 그것을 가지고 장난하고 농담하고 오락거리 취급하는 사람들에게 둥을 돌리시는 것을 볼 때까지 살게 될까봐 두렵다. 현대의 많은 기독교인들은 하나님의 진리를 오락거리와 동일시하는 데 너무나 익숙해져 있다. 그래서 이제 더 이상 하나님의 음성을 듣지 않는다.

교회는 단순한 종교 단체가 아니다. 교회는 공연자들이 공연하고 관객이 돈을 지불하는 종교 극장이 아니다. 교회는 구속(救贖)받은 죄인들이 모인 곳이다. 하나님에게 인도함을 받아 그리스도께 나아온 그들은 그분의 복음을 땅 끝까지 전하라는 사명을 받은 이들이다.

교회 안의 이단

종교적 연예오락이 그리스도의 교회를 너무나 타락시켰기 때문에, 수백만의 사람들은 그것이 '이단'이라는 사실조차 알지 못한다. 전 세계 수백만의 복음주의자들은 종교적 연예오락에 몰두해 있다. 그들은 연예오락이 묵주를 세는 것이나 성수(聖水) 같은 것을 뿌리는 것만큼 이단이라는 사실을 알지 못한다. 이런 사실을 폭로하면 그들은 분노에 차서 항의할 것이다.

언젠가 어떤 사람이 나에게 이런 항의 서한을 보내왔다. 그는 내가 종교적 연예오락이 잘못이라고 주장하는 점을 말하면서, "당신이 찬송가를 부를 때마다 그것이 연예오락인 줄을 알지 못합니까?"라고 물었다. "찬송을 부를 때마다"라고? 나는 이 사람이 밤에 어떻게 집을 찾아가는지 의아했다. 그는 시각장애인이 데리고 다니는 인도견(引導犬)이나 지팡이를 가진 사람에 의지하여 집을 찾아가야 할 것이다!

우리가 눈을 들어 하나님을 보면서 "주 예수 해변서 떡을 떼사"라고 노래한다면, 그것은 연예오락인가 아니면 예배인가? 예배와 연예오락의 차이는 없는가? 참예배를 드리지 못하는 교회는 연예오락으로 즐거움을 얻으려고 애쓰는 법이다. 교회가 예배를 드릴 수 있도록 이끌지 못하는 사람은 연예오락이라도 제공하려고 애쓸 것이다. 그렇기 때문에 오늘날 복음주의 교회는 '종교적 연예오락'이라는 큰 이단에 빠져 있는 것이다.

복음 흥행단이 찾아오면 당신은 잠시나마 재미를 느낄 것이다. 왜냐하면 소의 목에 다는 방울, 연주용 톱, 기타 여러 가지 재미있는 소도구들을 실컷 구경할 수 있을 테니 말이다. 사실 이런 것들은 극장표를 구입하기만 하면 극장에서 언제라도 볼 수 있는 것들이다. 나는 그들이 사용하는 다양한 소도구의 이름조차 일일이 알지 못한다. 하지만 거기에 가면 소의 목에 다는 방울, 밴조(미국의 민속 음악이나 재즈에 쓰는 현악기 - 역자 주), 힐빌리 음악(미국의 남부 산악 지대의 음악 - 역자 주)뿐만 아니라 아주 흥미로운 도구들까지 볼 수 있다. 만일 당신이 그런 것들을 즐기기 원한다면 거기 가서 즐겨라. 그러나 교회에서 복음을 선포하겠다는 사람이 청중을 모으기 위해서 그런 것들을 사용하려고 한다면 거부하라.

세상 프로그램들

기도하고 눈물을 흘리면서 믿음 갖는 것을 강조하는 노래를 부르는 일이 흔해진 지금, 복음주의적 기독교는 숨이 찰 지경이다. 세상의 프로그램은 세상과 육신과 마귀에게 바쳐지고 있으며 신앙적 가치는 도처에서 홀대받고 있다. 이런 세상 프로그램의 꼭대기에 앉은 것은 다름 아닌 옛적 맘몬(Mammon), 즉 '부(富)의 신'이다. 두 눈에 은빛 달러(dollar)를 붙인 그는 그 프로그램이 아주 좋다고 거짓말하면서, 그 프로그램에 등장하는 배우들이 아주 멋지다고 뻔뻔스러운 자랑을 늘어놓는다. 그러는 도중에 누군가가 감동한 척하면서 "자, 이제 금주의 찬송을 보내드리겠습니다"라고 말한다(이 사람은 스튜디오에서 그럴듯하게 경건한 음성을 내도록 훈련받은 사람이다). 밴드는 연주를 시작한다. 그들의 음악은 마귀가 듣고 얼굴을 붉힐 정도이다. 그러면서도 그들은 그것이 '경건'이라고 말한다. 참으로 이해할 수 없다. 그것은 구원도, 기독교도, 성령님의 활동도, 신약의 신앙도, 구속(救贖)도 아니다. 그것은 종교를 이용해서 돈을 버는 행위에 불과하다.

  신자들은 모든 것이 미리 조리되어 있기를 바란다. 잘게 잘려 있고 소금까지 뿌려져 있기 원한다. 우리는, 우리가 식탁을 두드리며 물을 튀길 때에 하나님이 오셔서 우리의 어린애 같은 입술에 음식을 떠먹여주시기 원한다. 그러면서 우리는 그것이 기독교라고 믿는다. 형제자매들이여, 착각하지 말라. 그것은 기독교가 아니다. 그것은 기독교라고 불릴 자격이 없는 타락한 족속의 착각일 뿐이다.

  언제나 턱을 어루만져서 기분 좋게 해주어야 만족하는 사람이라면, 영적으로 그는 아직 건강하지 못한 것이다. 이런 사람은 성경이 우리에게 온전함으로 나아가라고 촉구한다는 사실을 외면한다. 그는 소위 목에 다는 방울, 연주용 톱, 기타 희한한 도구들을 사용하는 최근의 복음 행상인(行商人)이 없다면 만족하지 못하는 그런 부류의 교인 중 하나이다.

죄악된 쾌락들

  미국의 기독교 소설은 독자의 관심을 끌기 위해 성(性)을 이용한다. 그런 소설을 쓰는 작가들은, 만일 낭만과 기독교를 결합시켜서 한편의 이야기를 만들면 순수 기독교 소설을 읽지 않을 보통 사람들이 그 이야기를 읽고 복음에 접하게 될 것이라는 얄팍한 변명을 늘어놓는다. 솔직히 말하자면, 대부분의 현대 기독교 소설가들은 제대로 된 소설을 쓸 수 없는 아마추어 수준에 머물러 있다고 생각된다. 그러나 더 큰 문제는 '기독교 로맨스 소설'이라는 개념 자체가 건전하지 못하다는 점이다. 육욕적 충동과 성령님의 깊고 감미로운 감동은 완전히 다른 것이다. 성애(性愛), 즉 에로스가 영광의 주님을 섬기는 하나의 수단으로 사용될 수 있다는 생각은 황당하기 짝이 없다. 관객을 끌어모으기 위해서 광고에 관능적인 장면을 사용하는 종교영화는 그리스도에 완전히 역행한다. 오직 영적으로 눈먼 사람만이 그런 영화에 현혹될 것이다.

 죄가 우리 인간에게 가져다준 가장 비극적인 결과 중 하나는 우리의 올바른 감정이 질적으로 타락했다는 것이다. 우리는 웃기지도 않는 것을 보고 웃고, 인간의 존엄성을 파괴하는 것들에서 쾌락을 느끼며, 정상적으로는 애정의 대상이 될 수 없는 것들을 보고 기뻐한다. 참성도의 특징이라고 할 수 있는 '죄악된 쾌락에 대한 저항'은 다른 말로 '인간 감정의 타락에 대한 항거'이다.

 하나님의 형상으로 만들어진 사람들의 관심을 끌기 위해서 도박을 허용해야 한다는 따위의 주장은 인간의 고상한 능력을 어그러지게 만드는 끔찍한 일이다. 쾌락을 불러일으키기 위해

알코올을 허용해야 한다는 주장은 일종의 매춘 행위와 같다. 인간들이 만들어놓은 환락가를 이용하여 즐거움을 누려보자는 생각은 우리를 놀랍고 신비한 우주에 거하게 하신 하나님께 무례하기 짝이 없는 일이다. 세상에서 인간들이 쾌락을 얻기 위해 만들어놓은 여러 가지 것들은, 인류가 인생의 참기쁨을 즐길 능력을 대부분 상실했기 때문에 그 대용품으로 거짓되고 저질적인 스릴을 찾고 있다는 증거이다.

비성경적인 수단들

어떤 사람은 휘파람을 잘 불고, 어떤 사람은 즉석에서 시를 지을 수 있는 놀라운 재능을 가지고 있다. 어떤 사람은 악기 연주를 잘하고, 어떤 사람은 노래를 잘하며, 어떤 사람은 말을 잘한다. 교회에서도 재능을 가진 사람들이 지도적인 위치에서 일한다. 그러다보니 성령님의 은사는 하나님이 원하시는 대로 인식되거나 사용되지 못한다.

성령님이 개입하지 않으시고 오직 인간의 재능만으로도 교회가 지역사회에서 생존하고 번영할 수 있다. 그러나 그것은 단지 종교적인 활동에 불과하다. 이런 일이 계속될 경우 우리의 소중한 신자들은 저 두렵고 큰 날이 도래하기까지 거의 개선되지 않은 신앙을 품은 채 생활하게 될 것이다. 그러나 그 날에는 자가발전하여 사용한 재능은 전부 불에 타버리고, 오직 성령님의 인도 가운데 행한 일들만이 남을 것이다.

우리의 교회는 성령님이 비추어주시는 빛으로 밝혀져야 한다. 교회는 단지 성찬을 나누는 주일뿐만 아니라 모든 주일에 생명의 떡을 먹기 위해 모이는 곳이다. 교회는 하나님께서 흠향하실 만한 좋은 향기와 즐겨 들으실 만한 기도 소리를 올려드리는 분향단이 있는 곳이다. 하나님은 성령님의 조명(照明)을 받아 그 분향단에 다같이 모인 사람들을 보고 즐거워하신다. 나는 이런 분향단이 있는 교회에만 관심이 있다.

당신이 나가서 어떤 사람을 데리고 와서 "이리 와서 우리를 즐겁게 해주세요"라고 부탁해야 비로소 교회 일이 돌아간다면 참으로 큰 문제이다. 목회자가 밖으로 나가 어릿광대를 데리고 와서 그에게 "자, 이제 이곳에서 어릿광대 노릇을 한번 멋지게 해보십시오"라고 말한 다음, 교인들에게는 "이제 모든 사람들에게 빛이 임했습니다. 우리를 영생으로 이끌 생명의 떡이 여기에 있습니다. 여기 분향단에서 우리가 하나님께 우리의 기도를 올려보낼 때에 이 어릿광대가 우리를 도와줄 것입니다"라고 말한다고 상상해보라. 얼마나 끔찍한 일인가?

이 어릿광대를 보지 않을 수만 있다면 나는 20리라도 단숨에 뛰어서 달아나겠다. 나는 그에게 단 1센티미터도 가까이 가지 않을 것이며, 한 푼도 후원하지 않을 것이다. 최근 사람들이 교회 안으로 끌어들인 얄팍한 비성경적 수법들은 성령님을 슬프게 만든다. 우리는 빛을 약화시켰고, 성전 진설병의 떡을 말라버리게 했다. 분향단에서는 향기가 사라졌다.

나는 복음주의적 기독교가 신약의 기독교와 유사한 유일한 기독교라고 믿는다. 그런데 복음주의적 신자들조차 지난 50년 동안 '눈에 보이지 않는 영원한 것들'에 대한 인내심을 점점 잃어버렸다. 그들은 '눈에 보이는 현세적인 것들'을 요구하면서 그들의 육신적 욕구를 만족시켜왔다. 성경의 지지도 없이, 아니 이 세상 어떤 권세의 지지도 없이, 육신적 종교 지도자들은 사람들의 마음을 끌기 위해 수많은 방법들을 시도해왔다. 하지만 결국 '미성숙한' 성도들에게 오락거리만 제공했을 뿐이다.

복음주의적 교회에서는 교인들에게(특히, 젊은이들에게) 진지한 교육 프로그램은 최대한 적게 제공하고 연예오락을 최대한 많이 공급하는 것이 일반화되었다. 오직 하나님만으로 기뻐하며 그분을 사모하는 모임으로 사람들을 인도하는 일은 이제 거의 불가능해졌다. 이런 현상으로 미루어보건대, 우리는 스스로 하나님의 자녀라고 고백하는 사람들이 하나님께 싫증이 났다고 결론지을 수밖에 없다. 그들은 종교영화, 게임, 기분 전환

용 오락 같은 '막대사탕'을 주지 않는다면 집회에 나오지 않는다. 이런 일이 반복되다보니 교회 분위기 자체가 바뀌게 되었고, 심지어 '황금송아지'를 모시느라 교회의 건축 양식까지 바꾸기도 한다.

우리의 신조는 정통에서 이탈한 변종이 되어버렸고, 우리의 신앙 관습은 이단에 빠졌다. 사람들을 끌어모으기 위한 막대사탕 작전은 우리의 사고(思考)에 너무나 깊이 파고들어왔고 그렇기 때문에 우리는 그것을 당연한 것으로 받아들이게 되었다. 사람들은 이런 잘못된 현상으로 피해를 보면서도, 그것이 그리스도와 사도들의 교훈이 아니라는 것은 상상도 하지 못하고 있다.

황금송아지를 섬기는 현대 기독교에 대해 비판이 제기되면, 황금송아지 숭배자들은 "그래도 그렇게 해서 사람들을 이끌지 않느냐?"라고 대답한다. 그들을 이끈다고? 어디로 이끈다는 말인가? 참제자의 길로? 십자가를 지는 삶으로? 자기부정(自己否定)으로? 세상을 거부하는 믿음으로? 육신을 십자가에 못 박는 곳으로? 거룩한 삶과 성품으로? 세상의 좋은 것들에 초연해지는 성숙함으로? 엄격한 자기훈련으로? 하나님을 향한 사랑으로? 그리스도를 향한 온전한 헌신으로? 유감스럽게도 이런 질문들에 대한 대답은 '노'(No)이다.

하나님의 말씀을 전파하기 위해 효과적으로 일하는 수많은 복음적 기관의 노력에 힘입어 오늘날 수많은 사람들이 아마 교회 역사상 그 어느 때보다 더 많이 성경을 읽고 올바른 지식을 갖고 있는 것 같다. 반면 이런 현상을 바라보면서 나는 진정한 영적 예배가 현재보다 더 낮은 수준에 처했던 적이 있었을까 하는 의구심을 지울 수 없다. 많은 교회가 예배드리는 법을 잊어버렸다. 예배가 밀려난 자리에는 '프로그램'이라는 이상하고 낯선 것이 들어와 있다. 본래 무대와 관련하여 사용되던 '프로그램'이라는 단어는 잘못된 지혜로 예배에 적용되었고, 그렇게 만들어진 것이 이제는 아예 예배로 통하고 있다.

TOZER ON WORSHIP AND ENTERTAINMENT

그리스도를 배반하고 인기를 숭배하는 작태를 그쳐라

문제는 자신들이 그리스도보다 인기를 더 사랑한다는 것이다. 그들은 아이들, 사업상 거래처 사람들, 직장 동료들, 친목회 친구들의 호감을 잃기를 원하지 않는다. 이렇게 그들은 친구들을 잃지 않으려고, 적(敵)을 만들지 않으려고 그리스도를 배신한다.

선전을 조심하라

오늘날 세상은 자신의 목적을 달성하기 위해 교회를 이용한다. 요한계시록에 보면 음녀(淫女)가 나오는데, 세상은 그녀를 이용했다. 세상은 그녀를 높여서 많은 물 위에 앉게 하고 그녀를 이용하여 그들의 목적을 성취했다. 그러나 그후 그녀에게 등을 돌리고 미워하고 그녀를 황폐하게 만들고 벌거벗기고 결국 불태웠다. 이것은 우리에게 시사하는 바가 크다. 기독교인들이 선전자(광고업자)들의 손발이 되어 이용당할 동안에는 선전자들이 그들을 용인한다. 그러나 우리가 그들의 뜻을 거역하거나 하나님 안에서 자유인으로서 그들에게 대항하여 일어나서 "나는 당신들에게 동의하지 않는다"라고 말하면, 그들은 우리를 비합리적인 군소교파로 낙인찍고 경멸하며 더 이상 상대해주지 않는다. 그들은 자기들에게 이용 가치가 있는 사람들은 언론을 통해 유명하게 만들어주고, 그렇지 않은 사람들은 철저히 무시한다.

마귀는 점점 우리를 세뇌하고 조종하며 교회에 그의 생각을 은근히 주입시키느라 바쁘다. 경건치 못한 사람들의 지혜가 교회를 지배하게 되면, 하나님의 지혜는 교회에서 **빠져나간다**. 나는 교회를 깊은 잠에서 깨어나게 하고 현실을 똑바로 보게 하는 것이 내 평생의 사명이라고 믿는다. 교회는 지금 세뇌당하고 선전에 의해 조종되고 있다. 그 결과, 교회는 그들이 결코 받아들여서는 안 되는 것을 지금 받아들이고 있다. 만일 그것이 국가의 법(法)이라 할지라도 교회는 절대로 그것을 받아들여서는 안 된다.

세상 사람들에게 받아들여지려고 애쓰지 말라

자기 자신조차 제대로 세우지 못하는 사람들이 연예계의 방법을 동원하여 주(主)의 일을 수행하는 오늘날, 비록 책을 통해서라도 잠시나마 진실하고 겸손한 사람들을 만난다면, 그것은 큰 힘이 된다. 왜냐하면 그런 사람들은 자신을 철저히 감추면서 우리 안에서 활동하시는 하나님을 드러내기 때문이다. 복음주의 진영의 지도자들이 자기를 부인하는 겸손한 사람이 아닌 오늘날의 종교 스타이기를 계속 고집한다면, 복음주의 운동은 신약의 교회 모습에서 점점 더 멀어질 것이다. 그들은 자신이 잊혀지고 오직 하나님께만 영광이 돌아갈 때 기뻐해야 하며, 아무런 칭찬이나 지위도 바라지 말아야 한다.

세상 사람들이 기독교를 용인하도록 애쓰는 우리의 노력은 딱할 정도이다. 어떤 사람은 십자가의 못과 가시 면류관, 피와 고통과 버림받음의 본질적인 의미를 거부하고 그것을 단지 상징으로만 해석한다. 또 어떤 사람은 오늘날도 복음이 전파되는 곳이면 어디에서나 그 십자가가 살아 있다는 점을 망각한다. 이런 사람들은 모두 치명적인 신학적 오류를 범하고 있으며 유감스럽게도 그런 오류는 도처에서 발생하고 있다.

현대의 기독교인들은 세상 사람들을 십자가에 못 박지 않는다. 그 이유는 그들이 세상 사람들과 너무나 편하게 잘 지내고 있기 때문이다. 십자가에 달린 분을 따른다고 주장하는 사람들과 십자가에 달린 분을 믿지 않는 사람들 사이에 너무나 원활한 협조가 이루어지고 있는 것이다.

그러나 오늘날 우리에게 필요한 것은 더 많은 그리스도인들이 십자가에 달리는 일이다(나는 이 점을 위해 기도할 용기가 없다). 우리에게는 더 많은 박해가 필요하다. 그리스도인이 된다는 것이 곧 위험에 처하는 일이 되는 그런 사회가 도래해야 한다. 그런데 현재의 기독교는 위험스럽지도 않고, 오히려 인기 있는 무언가가 되어버렸다.

사람들은 목회자를 거의 모든 일에 부르고 있다. 테이프를 끊을 목회자가 없어서 개업식을 하지 못한다. 심지어 최근 들어 많이 생긴다는, 길 잃은 개들의 보호소를 지을 때조차 목사가 와서 기도를 드리고 첫 삽을 가득 떠서 카메라 앞에 서서 미소를 짓지 않으면 기공식을 할 수 없다고 한다. 사람들과 목회자 사이는 이렇게 긴밀하다. 그 누구도 그를 십자가에 못 박지 않는다.

사람들에게 인기 있는 기독교는 입으로는 신약의 말씀을 늘 되풀이하지만, 마음으로는 세상적 가치관에 동조하고, 행위로는 세상의 방법들을 열심히 따른다(물론, 세상도 악하다고 인정하는 몇 가지 큰 죄악들은 제외하고). 그리스도는 단지 '저 위에 계신 마음씨 좋은 분' 정도로 제시된다. 즉, 분주하고 소란스러운 세상에서 즐겁게 하루를 보낸 후 잠자리에 들 때 잠깐 생각해도 좋은 수호신 같은 존재로 제시된다.

인기가 숭배의 대상이 된 사회

인기가 마치 신(神)처럼 숭배의 대상이 되었다. 광장에서 인사받는 것, 신문에 얼굴이 실리는 것, 다른 사람이 나의 말을 인용하는 것, 자신이 대단한 사람이라고 믿는 것, 이런 것이 인기를 탐하는 자가 원하는 것이다. 사람들은 인기를 숭배하고, 성공에 목말라 한다. 젊은이들의 은밀한 소망은 경건한 성인(聖人)이 되는 것이 아니라, 인기 있는 사람이 되는 것이다. 그들이 경건한 성인이 되지 않는 유일한 이유는 그들이 그렇게 될 능력이 없기 때문이다.

기독교를 인기 있는 종교로 만들려는 현대 기독교인들의 노력은 기독교 신앙에 엄청난 해악을 끼쳤다. 이제까지 그들의 목적은 교회의 언어 대신 대중(大衆)의 언어를 사용하여 대중의 구미에 맞게 진리를 단순화하는 것이었다. 이런 노력은 실패했을 뿐 아니라 신앙적 혼란을 가중시켰다.

오늘날 그리스도를 배반하는 사람들은 그리스도를 극렬히 반대하는 사람들이 아니다. 심지어 그들은 그리스도에 대해 친절하게 말한다. 기독교 계통 방송국에서 예수님에 대한 노래를 부르는 사람들 중에는 교회 찬양대를 그만둔 사람들이 많다. 유명한 소프라노, 테너, 알토, 혹은 베이스가 찬양대를 떠나 맥주 집에 가서 축가를 부른다. 그들은 예수님을 반대하지 않는다. 오히려 그들은 때때로 감동을 받고 예수님에 대하여 좋은 말을 하고 찬송가도 부른다. 그들이 그리스도를 배신한 것은 그분을 미워해서가 아니라 돈을 원했기 때문이다.

학생들에게 인기를 얻기 위해 그리스도를 배신하는 사람들도 있다. 그들은 예수님을 반대하지 않는다. 만일 어떤 사람이 예수님에 대하여 나쁘게 말하면 그들은 벌떡 일어나서 "지금 내가 그리스도인은 아니지만, 그래도 나는 예수 그리스도가 좋은 분임을 잘 안다"라고 말하면서 그분을 위해 싸울 것처럼 군다. 그들은 그리스도에 대해 좋은 감정을 가지고 있다. 그런데 문제는 그들이 그리스도보다 인기를 더 사랑한다는 것이다. 그들은 아이들, 사업상 거래처 사람들, 직장 동료들, 친목회 친구들의 호감을 잃기를 원하지 않는다. 이렇게 그들은 친구들을 잃지 않으려고, 적(敵)을 만들지 않으려고 그리스도를 배신한다.

프로그램의 독재

각 시대마다 나름대로 특징이 있다. 우리 시대는 기독교가 복잡해진 시대이다. 그리스도 안에서 찾을 수 있는 단순성이 우리 가운데는 좀처럼 발견되지 않는다. 오히려 다양한 프로그램, 방법, 조직화, 부산한 활동만 넘쳐난다. 그러나 이것은 우리의 시간과 에너지만 소모할 뿐 우리 마음의 깊은 소원을 충족시키지는 못한다. 깊이 없는 내적 체험, 공허한 예배, 부끄럽게도 세상의 방법을 모방하여 일을 성공시키려는 굴욕적인 태도, 이런 점들을 볼 때 우리가 하나님을 불완전하게 알고 하나님의 평안을 거의 알지 못한다는 것을 인정할 수밖에 없다.

오늘날 그리스도의 교회를 위협하는 적(敵)은 '판에 박은 듯이 진부한 것'이 독주하고 있다는 것이다. '진부한 것'이 교회 생활을 지배하게 되면 교회는 위험에 빠진다. 프로그램이 짜여지고 반복되다보면 그것 중 어떤 것이 다른 것들보다 더 큰 영향력을 발휘하다가 결국에는 표준적인 것으로 굳어지는데 이런 현상이 자꾸 반복되면 누구라도 다음 주 예배가 어떻게 될지 짐작할 수 있다. 이것이 오늘날의 교회에 가장 큰 위협이 되고 있다. 교회에서 아무도 하나님에 대해서 새로운 것을 기대하지 않을 때, 교회는 너무나 진부한 곳으로 변한다. 그렇게 되면 '판에 박은 것'이 독재적 지배력을 갖게 되고, 우리는 다음 주일에, 아니 다음 달에, (개선되지 않는 한) 내년에 일어날 일까지 예측할 수 있다. 이렇게 되면 어제의 것이 오늘도 반복되고, 오늘의 것이 내일도 반복된다.

우리는 교회 프로그램으로 우리 자신을 무감각, 무감동으로 철저히 길들여버렸다. 사마리아 여인이 복된 소식을 마음속 가득히 안고 마을을 향해 달려가는 장면을 상상해보라. 만일 누군가 그녀의 옷소매를 붙잡고 "자매여, 당신의 얼굴이 환히 빛나는 것이 참으로 보기에 좋습니다. 우리 교회 프로그램에 출연해볼 의향은 없으신지요?"라고 말했다면, 그녀는 단연코 거부할 것이다.

TOZER ON WORSHIP AND ENTERTAINMENT

껍데기 예배는 가라

13장

하나님은 언제나 사람들이 내실이 있기를 원하시지만, 그들은 언제나 얄팍한 껍데기만을 추구한다. 교회 문제의 본질은 예배가 형식주의로 흐른다는 것이다. 이것이 현재 교회가 처한 가장 큰 문제이다.

너무 편한 사람들

그리스도의 재림을 진정으로 갈망하는 신자들이 거의 없는 이유는 무엇인가? 그것은 이 땅을 너무 편하게 느끼는 기독교인들이 이 세상을 그다지 떠나고 싶어 하지 않기 때문이다. 기독교를 이끌고 나가면서 기독교의 내용과 질(質)을 결정하는 지도자라는 사람들에게는 최근 기독교가 아주 좋은 돈벌이 수단이 되고 말았다. 이 땅에서 주님을 섬기며 금과 은을 쌓는 데 익숙한 사람들은 금으로 만든 천국의 길에 별 매력을 느끼지 못한다. 우리는 천국의 소망을 죽는 날에 대비하는 보험 정도로 간직하지는 않는가? 우리의 육신적 본능은 "내가 지금 이렇게 건강하고 편한데, 굳이 안락한 현재를 버리고 내가 잘 모르는 내세에 소망을 둘 필요가 있는가?"라고 말한다. 이런 본능은 우리 속에 너무나 교묘하게 자리 잡고 있기 때문에 우리가 그 점을 잘 의식하지 못할 정도이다.

다시 한 번 말하지만, 현재 기독교는 이 땅에서 아주 재미있는 것이 되어버렸다. 그렇기 때문에 기독교인들조차 이렇게 생각한다.

"굳이 서둘러 하늘나라에 갈 필요가 있는가? 그리스도께서 모든 고난을 다 당하셨다. 그분이 모든 눈물을 흘리시고, 모든 십자가를 다 지셨다. 이제 우리는 그분이 고뇌와 고통을 통해 이뤄주신 좋은 결과들을 누리면 되는 것이다. 다시 말해서, 우리는 그리스도의 이름으로 이 세상의 방법들에 따라서 그것들을 누리면 된다."

외형을 좇는 사람들

눈에 보이는 외형적 증거로 기독교의 진리를 확인하려고 애쓰는 것이 우리의 큰 문제이다. 우리는 이렇게 말한다.

"이 사람을 보라. 그는 다른 누구보다도 야구공을 더 멀리 던진다. 그는 기독교인이다. 그러므로 기독교가 진리가 아니겠는가? 여기에 성경을 믿는 위대한 정치인이 있다. 그러므로 성경은 진리임에 틀림없다."

이런 식으로 우리는 다니엘 웹스터(Daniel Webster, 1782~1852. 미국의 정치가이며 웅변가 - 역자 주)와 로저 베이컨(Roger Bacon, 1214~1294. 프란체스코회 수도사로서 근대과학의 선구자 - 역자 주)을 언급할 수 있을 것이다. 우리는 "어떤 과학자가 기독교를 믿었기 때문에 기독교가 진리이다"라고 주장하기 위해 책을 쓴다. 그러나 형제자매들이여! 이 모든 것들은 잘못된 방향으로 가고 있는 것이다. 이 모든 시도는 인간의 육신에게 호소하는 서글프고 무익한 방법이다. 하나님은 이런 식으로 일하지 않으시며, 이것은 신약성경의 방법도 아니다. 외형적으로 드러난 것들을 증거로 내세우는 방법이 인간의 지혜를 만족시켜줄지는 모르지만 그리스도의 방법은 아니다. 그리스도는 이렇게 말씀하신다.

"나는 너희에게 좀 더 좋은 방법을 가르쳐주려 한다. 나는 기독교의 변증을 논리의 영역에서 삶의 영역으로 옮긴다. 나는 나의 신성(神性)을 증명하지만, 그것이 스포츠 스타나 연예인이나 장관이나 총리를 향한 호소는 아니다. 나를 증거하는 분은 눈에 보이지 않지만 능력이 크신 분이시다. 그분은 복음이 전파되는 곳이라면 어디나 사람들을 찾아가시는 성령님이시다."

살아 계신 하나님의 영(靈)은 논리가 필요 없는 증거를 제시하신다. 그 증거는 마치 은백색 광선(光線)이 파고들듯이, 날카로운 창이 심장에 꽂히듯이, 영혼 속으로 파고든다.

오늘날 기독교에는 불필요한 것들이 덕지덕지 붙어 있다. 하지만 사도행전에 나오는 기독교, 사도시대의 기독교는 그렇지 않았다. 그때의 기독교는 순수하고 단순했다. 신앙은 능력이었고 성령님이 역사(役事)하시는 통로였다. 그분은 사람들을 인도하셨으며, 그 예배는 사랑이 넘쳤다. 그들에게는 생활의 순수성이 요구되었다. 그들에게는 예배, 사랑, 신앙이 있었고, 그들의 도덕적 삶은 순수했고, 그들의 모든 삶은 단순했다. 그러나 그후 세월이 흘러가면서 형식주의가 스며들었다. 마치 구약시대 이스라엘 민족에게 일어났던 일처럼, 그 중심에서부터 표피로 변화가 진행되었다. 중심에서 사는 것이 이 세상에서 가장 쉬울 수도 있지만 동시에 가장 어렵다는 점을 잊지 말라. 사실, 대개의 경우 중심에 사는 것보다 표피에 사는 것이 더 쉽다. 교회는 형식주의로 선회했고, 제도주의(制度主義)가 득세했다. 그러면서 형식, 의식(儀式), 전통이 몰려왔다.

교회는 박동하는 심장에서 멀어지며 대신 피부 쪽으로 이동했다. 구약의 이스라엘의 역사에서도 이런 일이 일어났다. 이스라엘의 긴 역사(歷史)는 중심에서 표피로 이동하는 과정의 역사였다. 이스라엘 민족은 표피에서 살려는 본능에 자꾸 굴복

했으며, 하나님의 선지자들은 그들에게 중심으로 다시 돌아올 것을 촉구했다. 하나님은 언제나 사람들을 중심으로 이끌려고 하신다. 하지만 사람들은 언제나 바깥쪽으로 나가려고 한다. 하나님은 언제나 사람들이 내실이 있기를 원하시지만, 그들은 언제나 얄팍한 껍데기만을 추구한다.

그러므로 교회 문제의 본질은 예배가 형식주의(形式主義)로 흐른다는 것이다. 이것이 현재 교회가 처한 가장 큰 문제이다.

사람들은 사랑이나 의미가 결여된 의식(儀式)을 좋아한다. 그러나 하나님은 의식과 상관없이 사랑과 의미를 원하신다. 사람들은 예배 없는 형식을 좋아하지만, 하나님은 형식이 있든 없든 예배를 원하신다. 형식주의는 말과 의식과 형식을 추구한다. 반면 내실주의(內實主義)는 의미와 사랑과 예배와 내적인 영적 실재(實在)를 추구한다.

성령님이 계시지 않는 메마른 예배

성령님이 함께하실 때 기독교는 우리에게 따뜻한 감동을 주게 된다. 하지만 현재 기독교가 그렇지 못하기 때문에 나는 하나님 앞에서 슬퍼할 수밖에 없다. 기독교에는 지금 감동이 없다. 감동을 얻으려고 수없이 많은 활기찬 합창곡들을 쓰지만, 우리는 모두 생기 없이 메말라 있다. 우리는 이끼가 잔뜩 낀 오래된 우물에서 즐거움의 생수를 한 방울 얻으려고 열심히 펌프질을 한다. 하지만 녹슨 펌프에서는 삐걱거리는 소리만 들릴 뿐이다.

소위 복음주의자라는 사람들이 최근 여러 가지 종교적 소도구나 음향이나 영상 기기들에 대해 필요 이상의 지나친 관심을 가지고 있다. 그러나 우리의 개신교 조상들은 이런 소도구나 기기들에 매이지 않았다. 왜냐하면 그들은 성령님의 활동의 여지를 좀 더 많이 마련해드리기를 원했기 때문이다. 그러나 지금 우리의 교회에서는 그리스도의 대형 그림, 제단 위의 십자가, 촛불 및 기타 상징물들이 더 선명하게 눈에 띈다. 이것은 형식주의와 죽음으로 돌아가는 일일 뿐이다. 회중이 그리스도의 임재를 더 많이 느끼면 느낄수록 이런 것들은 불필요할 뿐만 아니라 불쾌감을 주기도 한다. 그분의 임재가 없어질 때면 언제나 사람들은 그 대용품으로 초라한 상징물들을 찾게 마련이다.

사람들은 기독교로 코미디를 만들어냈다. 물론 이것은 삼류 코미디이다. 왜냐하면 사람들이 스스로 형식의 노예가 되기 때문이다. 그들은 스스로 눈에 보이는 어떤 것의 노예가 되었다.

강물을 거슬러 올라가는 신앙

강물이 흐르는 방향으로 헤엄쳐 가는 물고기는 별 어려움을 느끼지 못한다. 하지만 그 반대 방향으로 헤엄치기 시작하면 그때부터 고생이 시작된다. 당신이 바람이 부는 방향을 따라가는 동안에는 모든 사람들이 당신이 아주 경건하다고 칭찬할 것이다. 그러나 당신이 방향을 바꾸어 하나님이 원하시는 방향으로 간다면, 그들은 당신에게 무슨 일이 생겼기 때문에 당신이 광신자가 되었다고 입방아를 찧을 것이다. 당신은 시류에 따르든지 아니면 믿음의 선진들처럼 그것을 거부하든지 둘 중의 하나를 선택해야 할 것이다.

나 자신은 이미 오래전에 이 문제에 대하여 결정을 내렸다. 어떤 사람들은 "당신이 시류에 따르지 않으면, 모든 사람들과 잘 어울릴 수 있는 공통의 발판을 마련하지 않으면, 아무도 당신의 말을 듣지 않을 것이다"라고 말한다. 그러나 나는 역설적인 진리를 말하고 싶다. 내가 시류에 따르지 않을수록 사람들은 나의 말을 듣기 원할 것이다. 사람들은 내가 배를 놓쳤다고 말한다. 하지만 나는 애당초 배를 타려고 애쓰지도 않았다고 대답한다. 내가 없어도 배는 잘 항해해나갈 것이고, 나는 나대로 즐거울 것이다.

내가 이런 이야기를 하는 것은 "나는 시류에 따르지 않는 사람이고, 거듭난 사람이고, 세상을 거부하는 사람이다"라고 말하기 위해서이다. 이제까지 나는 시류에 따르기를 거부했다.

그런데도 나의 이야기를 들어주는 사람들이 있었다. 만일 내가 시류에 따르는 것이 사람들이 내 이야기를 듣도록 만드는 방법이라는 것이 밝혀진다면, 나는 기꺼이 밖으로 나가 내가 전에 그랬던 것처럼 길거리 한 모퉁이에서 전도하기 시작할 것이다. 그러나 그렇지 않다면 나는 시류에 따르기를 거부할 것이다.

어떤 사람들은 "우리가 전해야 할 메시지는 똑같지만 우리가 살아가는 시대적 상황은 다르지 않느냐?"라고 말할지도 모른다. 나는 나에게 들리는 뱀의 목소리를 구별할 수 있다. 이런 사람들의 말에서 나는 뱀의 '쉿' 소리를 간파할 수 있다. 사탄은 교묘한 논리로 우리를 속이는 데 능하다. 우리는 그럴듯한 논리에 현혹되지 말고 우리의 분명한 태도를 결정해야 한다. 제3의 길은 없다. 시류에 따르든지 아니면 거기서 완전히 빠져나오든지 둘 중의 한 가지를 선택할 수 있을 뿐이다. 사도 바울은 우리에게 시류에서 빠져나오라고 교훈한다.

지옥에 가기 원하면서 여전히 교회에 속해 있는 사람들의 관심을 끌기 위해 우리가 신앙적 기준을 끌어내릴 여유는 없다. 이제까지 우리 주변에는 자기를 사랑하는 육신적이고 육욕적인 사람들이 있었다. 그들은 교회로 들어와 젊은이들에게 영향을 주고 우리의 영적인 삶과 원칙과 엄격함을 무너뜨리려고 한다.

타협하지 말라

오늘날 교회는 천국과 지옥을 섞어서 적당히 타협시킨 메시지를 전한다. 어떤 목회자들은 이것이 사람들과 잘 지낼 수 있는 방법이며 교회 이미지 제고에 도움이 된다고 믿는다.

그러나 '솜사탕처럼 달콤한 복음'을 제시하면서 산허리 양지 바른 곳을 약속하는 것은 사람들을 잔인하게 속이는 일이다. 뿐만 아니라 그것은 그런 약속을 믿고 회심한 사람들 중에서 다수의 사상자들을 발생하게 만드는 원인이 되기도 한다. 어떤 해외 선교지에서는 소위 '쌀 크리스천'(rice Christian)이라는 말이 생겨나기도 했다. 그러니까 "쌀만 주면 믿겠다"라고 하는 사람들을 가리키는 말이다. 다시 말해서 물질적 이익을 위해서 기독교를 받아들이는 사람들을 가리킨다. 그러나 노련한 선교사라면, 그리스도에 대한 신앙을 받아들이기 위해 비싼 대가를 치르는 개종자가 끝까지 신앙을 지켜낸다는 점을 잘 안다. 이런 개종자는 처음부터 바람을 안고 신앙생활을 시작한다. 그 바람이 점점 강해진다 해도 그는 뒤돌아서지 않는다. 왜냐하면 바람을 견디는 데 익숙해졌기 때문이다.

최근의 종교적 부흥의 특징은 과거 로마의 콘스탄티누스 대제(280~337, 기독교를 공인한 황제 - 역자 주) 때에 일어났던 혼란스러운 부흥과 비슷하다. 그때와 마찬가지로 지금도 사이비 기독교가 타협을 통해 사람들에게 전해지고 있다. 다시 말하면 그것은 거듭나지 못한 세상 사람들이 기독교를 받아들일 수 있도록 하기 위해 시도되는 타협이다. 최근에 누군가 말했듯이, 그것은 고객을 끌어모으기 위해 할인된 가격으로 그리스도를 제시하는 일이나 진배없다. 그리하여 수많은 사람들이 모여서 혼란스럽고 거대한 기독교인 그룹을 형성하게 되는데 이것이야말로 경건한 그리스도인이 보기에 역겨운 일이다.

　우리는 세상을 축복하라고 보내심을 받았지, 세상과 타협하라고 보내심을 받은 것이 아니다. 우리의 영광은 허섭스레기 위에 세워진 모든 것들을 거부하는 것이다. 벌집 주변을 기어 다니는 벌은 꿀을 만들지 못한다. 꿀은 햇빛이 내리쬐고 시내가 흐르고 평화로운 들판의 꽃들에서 취할 수 있다. 꿀을 만들려는 벌은 그곳으로 가야 한다. 그리스도인은 스스로 신자라고 고백하는 사람들이 잔뜩 모여 한꺼번에 이삭을 주우려고 하는 곳에서는 이삭을 많이 주울 수 없다. 이삭을 많이 주우려는 사람은 때때로 먼 곳으로 가야 한다. 심지어 버림받은 소수의 사람들과 동행해야 할 때도 있을 것이다. 세상 사람들에게 영적으로 유익을 주려는 사람은 큰 능력을 가져야 한다. 때로는 그에 상응하는 대가를 지불해야 그런 능력을 가질 수 있다. 값싼 대가를 지불한 사람은 값싼 능력밖에 소유하지 못한다.

TOZER ON WORSHIP AND ENTERTAINMENT

인간에게 아첨하지 말고 하나님의 방법으로 전하라

14장

오늘날의 기독교가 전하는 새로운 십자가는 전혀 다른 전도 방법을 권장한다. 현대의 전도자들은 새 생명을 받아들이기 전에 옛 삶을 포기해야 한다고 가르치지 않는다. 그들은 복음과 이 세상의 차이점을 가르치지 않고 유사점만을 가르친다.

온전한 메시지를 전하라

현재 가장 인기 있고 가장 적극적인 활동을 보이는 기독교는 죄를 대적하지 않으려고 꽤 신경을 쓴다. 이런 기독교는 대중을 즐겁게 해주면서 그들을 끌어모으고, 기독교 메시지의 일부만을 제시함으로써 개종자를 만들어낸다. 그것은 세상의 사업가들의 방법을 모방하여 요란스럽게 선전(광고)함으로써 프로젝트를 추진하는 것과 다르지 않다.

어떤 방법을 사용해서라도 개종자를 만들어내야 한다는 사상이 그리스도의 교회를 멍들게 했다. 그러나 우리는 아무 방법이나 다 사용해서는 안 되며 하나님께서 명하신 방법에 따라야 한다. 성령님이 역사하시도록 해야 하며, 전도 대상자가 복음을 받아들일 것인지 아닌지를 결정하도록 이끌어야 한다. 사람들이 계속 찾아와 자리를 채워주고 헌금을 드리게 하기 위해서는 절대로 그들을 불쾌하게 해서는 안 되며 모든 것을 원만하고 부드럽게 처리해야 한다는 사상은 신약성경의 교훈을 떠난 나약한 사상이다.

좀 더 많은 사람들이 그리스도를 영접하도록 만들겠다는 소망으로 그분의 교훈을 수정하고 싶어 하는 유혹은 속도, 대형화, 시끄러운 소리, 군중을 특징으로 하는 이 시대에 너무나 강하게 우리를 압도한다. 그러나 우리에게 진정으로 유익한 것이 무엇인지를 안다면, 우리는 모든 힘을 다해 그런 유혹에 저항하게 될 것이다. 만일 이런 유혹에 굴복한다면 이 세대의 기독교는 약하고 비효율적인 기독교가 될 것이고, 다음 세대에는 황폐화와 죽음이 도래할 것이다.

수단과 방법을 가리지 말고 많은 사람들을 끌어모으자는 광풍이 현대 교회를 휩쓸고 있다. 놀랍게도 모든 종교적 활동 중 상당 부분의 배후에 이런 광풍에 사로잡힌 사람들이 있다. 신자들과 교회는 헌금을 내는 교인들을 붙잡으려고 경쟁한다. 결국 많은 사람들을 구원해야 한다는 논리 아래 그들은 현재 유행하는 여러 가지 수단과 방법을 동원한다. 그러나 그들의 노력 뒤에 숨은 동기는 그들의 말처럼 순수하지 못할 때가 많다.

그리스도의 영광을 앞세우라

형제자매들이여, 내 말을 들어라. 우리는 일을 잘 추진해놓고도 결과적으로는 아무런 열매를 맺지 못할 수도 있다. 그러나 우리가 선지자가 되고 예배자가 된다면 하나님은 이 어려운 시대에 우리를 높이실 것이다. 우리는 교회에 가서 하나님을 숭모하겠다고 단호히 주장해야 한다. 만일 그분을 숭모하는 것이 잘되지 않는다면 우리는 그렇게 될 때까지 죄에서 깨끗케 되어야 한다.

신자들과 교회는 오직 그리스도의 영광을 위하여 철저히 구별되고 바쳐져야 한다. 이렇게 되려면 그들은 끈질기게 인간의 영광을 추구하는 현대의 풍조에서 돌아서야 한다. 이제까지 나는 '연기자들'이 나의 설교단에 서지 못하도록 내 온힘을 다했다. 내가 받은 사명은 그런 사람들을 높이는 것이 아니다. 그리스도의 교회가 연기자들에게 종교적 무대를 마련해주고 그들은 갈채를 받으며 개인의 명성을 쌓는 것, 그것은 결코 주님의 뜻이 아니라고 확신한다. 이것은 하나님께서 그분의 영원한 일을 하시는 방법이 아니다. 하나님은 복음 선포가 인간의 연기와 공연에 의존하도록 만들지 않으셨다.

오늘날 많은 복음주의적 교회는 온 세상 사람들을 회심시켜 교회로 모으려고 애쓴다. 그러다보니 교회 안에는 거듭나지 못한 사람, 깨끗하지 못한 사람, 회개하지 않은 사람, 그리고 거룩하게 되지 못한 사람이 뒤섞여 있게 되었다. 그들은 말 그대로 세상을 그대로 교회에 옮겨다놓는 것 같다. 우리가 어떻게든 세상의 저명인사로 하여금 교회에 대해 좋은 말을 하도록 만들었다면, 우리는 즉시 달려가서 이 사람이 교회에 대해 언급한 얼마 안 되는 좋은 말들을 신문에 내려고 애쓴다. 그러나 나는 이런 저명인사에게 아무런 관심이 없다. 왜냐하면 나는 살아 계신 구주를 섬기기 때문이다. 예수 그리스도는 만주(萬主)의 주요 만왕(萬王)의 왕이시다. 나는 모든 사람들이 세상에서 큰 사람이 아닌 영적 세계에서 크신 분을 볼 수 있는 눈을 가졌으면 좋겠다.

하나님의 영광을 희생해가면서까지 영혼을 구원하려는 시도는 그분의 영광을 빼앗는 것이며, 결국 영혼 구원에도 실패하는 것이다. 그렇게 만들어내는 개종자는 참그리스도인이 되기 어려울 것이다.

성령님이 사용하시는 방법은 깨끗하고 거룩하고 순수하며 육체를 낮추는 방법이다. 때때로 성령님은 당신을 이러지도 저러지도 못하게 만드시는데, 이는 당신을 겸손하게 만들기 위함이다. 만일 당신이 그분의 방법을 받아들이지 않고 그분의 때를 기다리지 않는다면 당신은 돈을 모으고 사람들을 이용하는 것 같은 인간적인 방법을 동원하게 될 것이다. 당신은 TV에서 배운 방법, 매디슨 애비뉴(미국 뉴욕의 광고업 중심가 - 역자 주)에서 배운 방법, 사업가에게서 배운 방법을 사용할 것이다.

그리스도께서 우리를 구원하신 것은 우리가 먼저 예배자가 되고 그 다음에 일꾼이 되도록 하기 위함이다. 그러나 우리 복음주의자들은 예배자가 되는 것의 중요성을 모르고 있다. 그래서 오늘날 예배자를 만들어내지 못하고 있다. 우리는 일꾼들을 만들어낸다. 우리는 설립자를 수없이 만들어낸다. 기획자, 제작자, 예술가, 연예인, 기독교 디스크자키(DJ), 이런 사람들만 우글거린다. 막대기로 덤불을 쳐보면 예술가 두 명과 DJ 한 명이 튀어나올 것이다.

그리스도는 후원자를 필요로 하시지 않는다

아마도 당신은 '위티즈(Wheaties, 제너럴 밀스에서 만든 시리얼 제품의 이름 - 역자 주) 접근법'을 알고 있을 것이다. 이 방법을 사용하는 사람들은 이렇게 말한다.

"이 야구선수가 위티즈를 좋아하니까, 위티즈는 좋은 것임에 틀림없다. 저 권투선수가 위티즈를 좋아하니까, 그것은 좋은 것임에 틀림없다. 이 영화에 출연한 여배우가 위티즈를 좋아하니까, 그것은 분명 좋은 것이다. 이 거물 정치인과 이 위원회의 의장이 위티즈를 좋아하니까, 그것은 좋은 것이다."

바로 이런 방식이 위티즈 접근법이다. 이것은 오늘날 기독교에서 유행하고 있다. 일반 잡지나 종교 잡지에서 기독교는 화제의 대상이다. 이런 현상의 배후에는 위티즈 접근법적인 발상이 숨어 있다. 사람들은 "이 연예인이 예수 그리스도를 믿는다. 그러므로 예수 그리스도가 진리임에 틀림없다. 이 정치인이 그리스도를 믿는데, 당신은 왜 그분을 영접하지 않느냐? 이 영화에 출연한 여배우가 그분에게 기도하는데, 당신도 그분에게 기도하지 않겠느냐? 이 바람둥이, 이 정치인, 이 운동선수가 그분을 영접했다. 당신도 그분을 영접해야 하는 것 아닌가"라고 말한다. 이것이 바로 위티즈 접근법이다. 이 방법이 무엇을 의미하는지 아는가? 다름 아닌 그리스도가 이 세상 유명인사들의 유명세에 편승하도록 만들고 있다.

영적 능력 없이 영적인 일을 할 수 있다는 착각 때문에 우리는 잘못된 길로 접어들 수 있다. "과거에 성령님의 능력에 의지하여 영혼을 구원하는 일이 가능했지만, 이제는 그런 영적인 기름부음 없이도 종교영화를 통해서 영혼을 구원하는 일이 가능하다"라고 진지하게 주장하는 사람을 본 적이 있다. 이런 사람에게는 "신(神)은 그가 파멸시키기 원하는 사람이 있을 때, 우선 그를 미치게 만든다"라는 속담이 딱 어울린다. 더욱 유감스러운 것은, 내가 아는 한 이런 사람의 주장을 문제 삼는 복음주의자들이 이제까지 전혀 없다는 사실이다.

세상이 제공하는 도움

이제 그리스도는 세상 사람들이 보는 앞에서 그분을 후원해야 할 후원자 또는 사회 저명인사가 있어야 할 형편이 되고 말았다. 그분은 과거 나귀 새끼를 타고 예루살렘으로 들어가셨지만, 이제는 저명인사의 명성을 등에 업고 나아가기 위해서 그런 사람을 찾아야 하는 형편이 되고 말았다. 사람들을 그리스도에게 인도할 수 있는 능력이 의심스럽기 때문에 그리스도의 손에는 술수를 부리는 데 필요한 도구가 주어진다. 한때 그리스도가 거부했던 저급하고 값싼 영광이 그분의 머리 위에 다시 면류관처럼 씌워진다. 사람들이 그분에게 씌워드리는 면류관에는 세상에서 빌려온 모조보석이 다닥다닥 박혀 있다. 중산층의 안락한 생활, 성공, 명성, 인기, 돈, 대중의 관심, 사회적으로 용인되는 것, 화려함, 허세, 세상적인 영광 등 이런 것들이 바로 그 모조보석이다. 육신의 정욕과 안목의 정욕과 이생의 자랑이 자유주의자에 의해서가 아니라 복음주의자에 의해서 기독교화되고 있다. 복음주의자들은 전도 대상자들에게 그리스도뿐만 아니라 이런 것들까지 함께 전해주겠다고 제안한다.

오늘날 영적인 문제에 관심을 갖고 유심히 관찰하는 사람들은 회심이 과거처럼 사람들에게 유익을 주지 못하고 있다는 사실을 발견할 것이다. 개종자들은 회심의 체험이 지나간 후 너무나 자주 불만과 실망에 빠진다. 이런 불만과 실망을 겪어본 사람들, 그리고 너무나 진실해서 차마 종교를 가지고 장난하는 대열에 끼지 못하는 사람들은 환멸을 느끼고 다시 옛 삶으로 돌아간다. 또 다른 사람들은 그들이 비싼 대가를 치르고 얻은 것을 버리기 아까워하여 나름대로 그것에서 무엇을 얻어보겠다고 결심한다. 그리하여 그들은 수정되고 불완전한 형태의 기독교에 점점 적응하기 시작한다. 그러나 그들이 적응하는 기독교는 세상적인 재미가 가미된 얄팍한 술수를 사용하여 맛을 낸 기독교에 불과하다.

현대 복음주의의 단점은 인본주의적인 접근을 시도한다는 것이다. 현대의 복음주의는 초자연적인 것이 되려고 애쓰지만, 온전히 그것에 도달하지 못하고 있다. 현대의 복음주의는 부(富)와 명예와 화려한 야외극과 영웅과 활력으로 가득한 이 세상에 완전히 매료당한다. 현대의 복음은 이 세상의 영광을 열망했지만 실패하고 실망한 수백만의 사람들에게 그들의 소원을 이룰 수 있는 빠르고 편한 지름길을 제공하겠다고 나선다. 마음의 평안, 행복, 번영, 인기, 스포츠계나 사업계나 연예계에서 성공하는 것, 사회적으로 인정받는 것, 때때로 저명인사와 같은 테이블에 앉아 연회를 즐기는 것, 이런 모든 것들에 이르는 길을 제공하겠다는 것이다. 그러나 이 세상에서 가장 견실한 보험회사라도 이런 것들 중 절반도 제공하지 못할 것이다.

우리의 방법이 아닌 하나님의 방법을 찾으라

왜 우리는 그토록 평범한 기독교인의 수준에 머물고 마는가? 왜 육신적인 신자들의 욕구를 충족시키는 얄팍한 기쁨에 만족해야 하는가? 그 이유는 우리가 이미 십자가를 지라는 주님의 말씀을 들었지만 그 말씀에 순종하지 않고 대신 거리의 장사꾼처럼 주님과 흥정하려고 했기 때문이다. 우리는 이기적인 입장에서 질문하고 우리의 조건들을 제시한다.

오늘날의 기독교가 전하는 새로운 십자가는 전혀 다른 전도 방법을 권장한다. 현대의 전도자들은 새 생명을 받아들이기 전에 옛 삶을 포기해야 한다고 가르치지 않는다. 그들은 복음과 이 세상의 차이점을 가르치지 않고 유사점만을 가르친다. 그들은 기독교가 결코 불쾌한 요구를 하는 것이 아님을 보여주면서 대중의 관심을 끌려고 한다. 기독교는 세상의 것과 동일한 것을 제공하는 종교라고 말한다. 차이가 있다면 기독교가 주려는 것이 세상이 주는 것보다 단지 수준이 높을 뿐이라고 말한다. 기독교가 주려는 것이 죄에 빠져 헤어나지 못하는 세상 사람들이 추구하는 것과 본질적으로 동일한데도, 단지 기독교의 것이 조금 더 낫다고 말한다.

현대의 기독교가 전하는 새로운 십자가는 사람들에게 그들이 죄인임을 깨닫고 하나님 앞에서 두려워 떨며 절망감을 느끼게 하려 하지 않는다. 단지 그의 삶의 방향을 다시 잡아주려고 할 뿐이다. 그것은 그를 더 기쁘고 멋있는 생활방식으로 인도하면서 그의 자존심을 살려준다. 또 자기를 내세우기 좋아하는 사람에게 "와서 그리스도를 위해서 당신을 내세워라"라고 말한다. 자기중심적인 사람에게 "와서 주 안에서 너의 자랑을 늘어놓아라"라고 말한다. 스릴을 추구하는 사람에게 "와서 기독교 내 교제의 스릴을 즐겨라"라고 말한다. 대중들이 기독교 메시지를 받아들이도록 만들겠다는 의지를 표명한 전도자들은 기독교를 현대의 풍조에 맞게 왜곡시켰다.

TOZER ON WORSHIP AND ENTERTAINMENT

재미의 우상을 버리고 하나님께로 돌아오라

15장

지금은 새로운 종교개혁이 요구되는 때이다. 이제 우리는 무책임하고 연예오락에 현혹되고 이교화(異教化)된 사이비 기독교를 완전히 끊어버려야 한다. 현대 교회는 '재미'(fun)를 그들의 종교의 상징으로 만들어버렸다.

재미를 위한 기독교

오랫동안 아메리카 대륙에서 기독교는 가장 '재미있는 것'으로 간주되어왔다는 나의 생각에는 조금도 흔들림이 없다. 어떤 사람은 "예수님을 섬기면서도 이 세상 그 어떤 것을 즐기는 것보다 더 재미있게 살 수 있다. 신앙생활을 재미있게 하자는데 뭐가 문제냐?"라고 우리에게 거듭 말해왔다. 건전한 복음주의 교회들조차 "예수님을 섬기면서도 당신이 좋아하는 것들을 전부 누릴 수 있다. 게다가 세상의 쾌락과 달리 재미있는 신앙생활은 뒤끝이 개운하다"라고 가르쳐왔다.

이런 사람들이 전하는 기독교는 '재미를 위한' 기독교이다.

다시 말해서, 그들은 기독교를 연예오락을 위한 수단 정도로 여긴다. 그러나 그들의 태도는 전능하신 하나님을 불쾌하게 만드는, 참으로 불경스러운 태도이다.

형제자매들이여! 그리스도의 십자가는 너무나 영광스럽기 때문에 우리에게 말로 표현할 수 없는 기쁨을 주는 것이지, 단지 '재미있는 것'이 아니다. 그러므로 기독교가 또 하나의 다른 연예오락이라는 생각은 너무나 잘못되었다. 내가 '자비로운 주 하나님'이라는 찬송가를 부르는 것은 전능하신 하나님을 예배하는 것이다. 천사들이 밤낮으로 쉬지 않고 "거룩하다"라고 부르는 것이 연예오락이라고 한다면, 나 역시 분명 연예인이 맞다. 그러나 그것이 연예오락이 아니라면, 나는 예배자가 분명하다. 분명히 말하지만 예배는 연예오락이 아니다.

형제자매들이여! 교회는 '하나님'을 예배해야 한다. 5일 밤낮으로 환락을 즐기는 것보다 5분 동안 예배드리는 것이 더 큰 기쁨을 주어 마음의 병을 치유해준다. 하나님을 예배하고 난 뒤 그 후유증으로 자살하는 사람은 없다. 많은 사람들이 좀 더 재미있는 것들을 추구하느라 정력을 써버리고 탈진하여 자살한다. 적지 않은 젊은 미녀들이 쾌락에 몸을 내맡기기 때문에, 25세가 되기도 전에 타이어를 재생하듯이 얼굴에 재생 작업을 하는 것이다. 그것은 그들이 재미를 추구하느라 정력을 다 써버렸기 때문이다.

종교적 장난감을 버리라

하나님의 아름다운 신비를 보고 마음에 도전을 받는 경험을 한 번도 못해보고 평생 살다가 죽는 사람들도 있다. 유감스럽게도 교회마저 우리에게 이런 도전을 주지 못한다. 교회가 실체를 붙들지 못한 채 그림자만 가지고 장난하면서 이런저런 것들에 적응하느라 시간을 허비하기 때문에 우리는 하나님을 묵상할 시간이 없다. 그러나 쓸데없는 것에 시간을 낭비하지 않고 하나님의 신비를 깊이 묵상한다면 큰 유익을 얻을 것이다. 나는 당신이 종교적 장난감을 가지고 노는 일에 만족하지 않고 하나님을 찾아서 그분과 깊은 교제를 나누고 하늘의 음성을 듣기 원한다.

과거 청교도들, 성결파 사람들, 그리고 '사우스사이드 얼라이언스 교회'(저자가 목회했던 교회 - 역자 주)의 교인들은 무수한 세상의 오락거리가 그리스도인들을 위한 것이 아니라고 믿었다. 회심하여 성령으로 충만한 사람들은 세상의 오락거리를 포기하는 것이 당연하다고 여겼다. 그러나 그후 서서히 변화가 나타났다. 보수적 신앙인들조차 대문을 열고 세상의 오락거리를 하나씩 받아들여서 그것들에 성수(聖水)를 뿌렸고, 그 결과 이제 누구도 세상의 오락거리를 반대하지 않는 지경이 되었다. 더 나아가 우리는 그것들을 권장한다. 이제 세상의 오락거리는 우리 신앙과 삶의 일부분이 되어버렸다.

영어의 '뮤즈'(muse, '묵상하다', '숙고하다')는 '생각하는 것'이고, '어뮤즈'(amuse, '즐겁게 해주다')는 '생각하지 않는 것'이다. '뮤즈'(muse)에다 'a'를 하나 붙였을 뿐인데 뜻이 부정적인 것으로 변했다. 누군가 "때때로 나는 베란다에 앉아서 생각하고, 또 어떤 때는 그냥 베란다에 앉아 있습니다"라고 말했다. 베란다에 앉아서 생각하는 사람은 '뮤즈'하는 것이다. 그러나 그냥 그곳에 앉아 있기만 하는 사람은 스스로 '어뮤즈'해야 한다. 다시 말해서, 그는 우울한 기분에 빠지지 않기 위해 책을 읽거나 음악을 듣거나 해야 한다. 이것이 우리 인간의 심리이다. 마귀는 이런 인간의 심리를 이용하여 오락거리를 만들어냈다.

어떤 사람은 나에게 "그렇다면 그 오락거리란 어떤 것들입니까?"라고 물을지 모른다. 나는 그것이 어떤 것들이라고 딱 못박을 수 없다. 왜냐하면 그리스도인들이라고 해도 즐기는 것이 서로 다르기 때문이다. 어떤 사람에게는 오락이지만 다른 사람에게는 오락이 아닐 수도 있다. 다시 말해서, 어떤 사람에게는 신앙에 방해가 되지만 다른 사람에게는 방해가 되지 않을 수도 있다는 말이다. 그러므로 굳이 기준을 정하자면, "어떤 것이 신앙적으로 방해가 되어 패배적 신앙생활에 빠지게 한다면 마땅히 그것을 버려야 한다"라는 기준을 세울 수 있을 것이다.

어떤 사람은 커피를 마시면 잠을 잘 수 없기 때문에 커피를 마시지 않는다. 그러나 나는 커피 한 잔을 마신 다음에도 마치 마취제를 맞은 것처럼 잠을 푹 잘 수 있다. 이 경우 다른 사람들에게 문제가 되는 것이 나에게는 아무런 문제가 되지 않는 것이다. 반대로 나에게 문제가 되는 것이 다른 사람들에게는 아무 문제가 되지 않을 수 있다. 그러므로 누구나 자신에게 이렇게 물어야 한다.

"내가 오락거리로 즐기는 것이 무엇인가? 내가 탐닉하는 것들 중에서 나를 방해하는 것이 무엇인가?"

만일 그런 것들이 있다면 자신을 변호하려는 논쟁을 벌이지 말고, 당장 그것들을 끊어버려라.

복음주의 신자들 중 대다수가 이 세상을 더 이상 전쟁터로 보지 않고 놀이터로 보게 되었다. 그들에게 "당신은 영적인 차원에서 이 세상을 놀이터로 보는가, 아니면 전쟁터로 보는가?"라고 질문해보면 그들은 분명한 입장을 밝히지 않고 얼렁뚱땅 넘어갈 것이다. 그러나 그들의 행동을 보면 그들의 입장을 알 수 있다. 그들은 양쪽 모두 쳐다보고 있다. 즉, 그들은 그리스도도 보고 세상도 본다. 그들은 아주 밝은 얼굴로 모든 사람들에게 "그리스도를 영접한다고 해서 즐거운 것들을 포기할 필요는 없다. 기독교야말로 이 세상에서 가장 즐겁고 재미있는 것이다"라고 말한다. 이런 인생관을 가진 사람들이 드리는 예배는 그런 인생관만큼이나 본질에서 멀리 떨어져 있다. 그런 예배는 샴페인과 잘 차려 입은 술꾼이 없는 성화(聖化)된 나이트클럽에 비유할 수 있다.

종교 게임

도덕적인 용기가 없는 소심한 신자들이 '연약한 기독교'를 만들어냈다. 이런 기독교는 지적(知的)으로 빈약하고, 영적(靈的)으로 감동이 없고, 비본질적(非本質的)인 것들을 반복하기 때문에 많은 사람들이 재미없고 지루하다고 느낀다. 그러면서도 그들은 이런 기독교가 그리스도와 사도들의 신앙을 정통으로 계승했다고 선전한다. 그들은 신앙에 대해 관심을 갖는 젊은이들과 어린아이들에게 이런 기독교를 숟가락으로 떠먹인다. 그러면서 좀 더 맛을 내기 위해 불신(不信) 세상에서 훔쳐 온 육신적 오락거리들로 양념까지 친다. 교육보다 오락으로 즐거움을 주는 것이 쉽고, 혼자 힘으로 사색하고 묵상하는 것보다 변질된 대중의 기호에 맞춰주는 것이 쉽다. 수많은 복음주의적 지도자들이 호기심 많은 대중을 끌어모으기 위해 종교적인 술책을 작동하느라 손가락을 민첩하게 놀린다. 그 결과, 대중은 점점 연약한 기독교인들로 길들여진다.

  나는 사람들이 놀이에 몰두하는 모습을 보면서 기도하는 사람들의 모습이 어떠해야 하는지를 더 잘 깨닫게 되었다. 실로, 대부분의 사람들은 놀이를 하듯이 '종교 놀이'를 한다. 어쩌면 종교가 가장 보편적인 놀이일지도 모른다. 다양한 스포츠에는 그것들 나름대로 각기 다른 도구와 경기 규칙과 선수들이 있다. 게임은 흥미를 자아내고 즐거운 시간을 보낼 수 있게 해준다. 게임이 끝나면 서로 경쟁하던 팀들도 웃으면서 경기장을 떠난다.

  어떤 선수가 A라는 팀을 떠나 B라는 팀으로 옮기는 것을 쉽게 볼 수 있다. 그는 며칠 후 경기에서 B소속 선수로 경기장에 들어온다. A팀을 위해 그토록 혼신의 힘을 다해 뛰던 그가 이제는 똑같은 열심과 정열을 가지고 B팀을 위해 뛴다. 운동 경기는 인위적으로 규칙을 만들어놓고 그 규칙에 따라 힘겹게 도전하고 겨루는 일이다. 운동 경기에는 도덕적 정당성이 없으며 또 그것을 갖추어야 할 필요도 없다. 운동선수가 스스로 자신에게 부과한 어려운 수준에 도달했다고 해서 도덕적으로 좀 더 나아지는 일은 없다. 게임은 단지 즐거운 활동일 뿐이다. 그 어떤 것도 변화시키지 않고, 그 어떤 문제도 해결해주지 않는다.

  이 이야기가 단지 운동 경기에만 국한되는 일이라면 우리는 더 이상 신경 쓸 필요도 없을 것이다. 문제는 운동 경기에서 일어나는 일이 교회에서도 일어나고 있으며 하나님과 신앙에 대한 신자들의 태도에까지 영향을 미친다는 점이다. 교회에도 '경건한 말들을 늘어놓는 게임'을 즐기기 위한 장(場)과 규칙과 게임 도구들이 존재한다. 그 게임에 열성적인 평신도들과 교역자들이 있다. 그들은 돈을 내면서 그 게임을 재정적으로 후원하고 몸으로 출석해서 분위기를 만든다. 그러나 그들의 생활과 인격은 신앙에 아무 관심도 없는 사람들과 다를 바 없다.

야구선수가 공을 사용하여 게임을 하듯이 우리는 말(言)을 사용하여 게임을 한다. 교회에서 우리는 대화를 나누면서 말을 사용하고, 기록된 말, 즉 책을 보고, 노랫말로 이루어진 찬송을 부르고, 말로 기도한다. 우리는 신속한 동작으로 말을 경기장 전체에 뿌리고, 능숙하고 우아하게 말을 다루고, 그 솜씨로 명성까지 얻는다. 우리는 '종교 놀이'를 즐긴 사람들이 보내는 갈채를 우리의 상(賞)으로 받는다. 그러나 이 모든 것들은 참으로 공허하다. 왜냐하면 이렇게 즐거운 '종교 게임'이 끝난 후, 어느 누구도 근본적으로 과거와 전혀 달라지지 않기 때문이다. 게임 후에도 여전히 삶의 중요한 부분들은 변하지 않았고, 옛 원리를 그대로 적용하며, 여전히 옛 아담이 삶을 지배한다.

그리스도는 사람들을 불러내어 십자가를 지라고 말씀하시지만, 우리는 그들을 불러내어 그리스도의 이름으로 즐기라고 말한다. 그리스도는 그들을 불러내어 세상을 버리라고 말씀하시지만, 우리는 그리스도를 영접하기만 하면 얼마든지 세상을 즐길 수 있다는 확신을 심어주기에 바쁘다. 그리스도는 그들을 불러내어 고난에 동참하라고 말씀하시지만, 우리는 그들을 불러내어 현대 문명이 제공하는 온갖 부르주아의 안락을 즐기라고 말한다. 그리스도는 그들을 불러내어 극기와 죽음을 요구하시지만, 우리는 그들을 불러내어 푸른 월계수처럼 뻗어나가라고, 심지어 저급한 종교적 황도십이궁[黃道十二宮, 지구를 중심으로 볼 때 천구상(天球上)에서 태양이 도는 궤도, 즉 '황도'에 따른 별자리의 총칭 - 역자 주]에서 일약 스타(star)가 되라고 말한다. 그리스도는 그들을 불러내어 거룩해지라고 말씀하시지만, 우리는 그들을 불러내어 천박하고 값싼 행복을 추구하라고 가르친다. 스토아 철학자들 중에서 가장 수준 낮은 사람들조차 이런 행복을 경멸하여 거부했을 것이다.

세상 것들을 버려라

지금은 새로운 종교개혁이 요구되는 때이다. 이제 우리는 무책임하고 연예오락에 현혹되고 이교화(異敎化)된 사이비 기독교를 완전히 끊어버려야 한다. 그런데 안타깝게도 오늘날 사람들은 오히려 이런 기독교를 그리스도에 대한 참신앙으로 착각한다. 신령하지 못한 사람들은 자신의 목적을 달성하기 위해 비성경적인 방법들을 사용하여 이런 종교를 전 세계로 전파하고 있다.

현대 교회는 '재미'(fun)를 그들 종교의 상징으로 만들어버렸다. 내가 목숨을 바쳐서 섬기고 싶을 정도로 귀한 젊은이들이 이렇게 말하는 것을 들을 때가 있다.

"즐겁게 지내기 위해 죄인이 될 필요가 없다는 것을 깨달았기 때문에 나는 너무 기쁩니다. 우리는 교회에서도 즐거움을 맛볼 수 있습니다. 그리스도를 따르면서도 재미있는 것들을 붙들 수 있습니다."

이런 말을 들을 때 나는 머리를 감싸쥐고 하나님 앞에서 흐느끼고 싶은 심정이다. 그들은 완전히 속고 있는 것이다! 그리스도인의 삶의 상징은 십자가이다. 그렇지만 우리는 우리의 십자가를 지려고 하지 않는다. 우리는 원수를 용서하려고 하지 않는다. 원수와 화해하려고 하지 않는다.

원자폭탄에 의한 멸망의 그림자가 전 세계에 드리워져 있고 주님이 다시 오실 날이 가까워오는 지금, 주님을 따른다고 고백하는 사람들이 종교적 오락거리로 골몰하고 있는 것이 너무 놀랍고 이상하지 않은가? 절대적으로 성숙한 성도들이 요구되는 상황에서 수많은 신자들이 '영적 어린아이'로 돌아가 종교적 장난감을 달라고 아우성치는 것이 참으로 신기하고 놀랍지 않은가?

우리 주님은 겉으로 보기에 완전히 실패자처럼 죽으셨다. 당시 기성 종교의 지도자들은 그분을 불신했다. 대중은 그분을 거부했으며, 그분의 친구들마저 그분을 버렸다. 반면 그분을 십자가에 못 박으라고 명령한 총독은 정치적 야심에 찬 사람들이 찾아와 손에 입을 맞출 정도로 성공적인 정치인이었다. 그러나 그리스도의 부활은 그분이 얼마나 영광스러운 승리를 거두셨는가, 또 총독이 얼마나 비극적으로 패배했는가를 완전히 입증했다!

그러나 오늘날 주님을 믿는다고 고백하는 교회는 이 사실을 알고도 아무런 교훈을 얻지 못하는 것 같다. 우리는 아직도 세상 사람들처럼 사물을 보고 그들의 방식대로 판단한다. 교회의 일을 열심히 한다고 하지만 성공하려는 육신의 동기에서 일하는 경우가 얼마나 많은가. 저급한 사람들의 명예를 높이는 데 초점을 맞춘 프로젝트가 성공할 수 있게 해달라고 간구하느라 얼마나 많은 시간을 낭비하고 있는가. 울음 섞인 소리로 호소하지만 실상 자신을 멋지게 보이려고 애쓰는 사람을 위해 우리는 얼마나 많은 거룩한 돈을 낭비하고 있는가.

신앙적으로 냉담한 사람들

인간이 관심을 가질 수 있는 많은 분야 중 오직 한 분야에서만 우리는 아주 느리고 냉담하다. 그것은 바로 개인 경건 분야이다. 이상하게도 경건의 분야에서만큼은 우리의 열심이 싸늘하게 식어버린다. 교회 다니는 사람들은 하나님과의 개인적인 관계에 있어서 둔감하고 열의가 없다. 하나님과의 관계는 너무나 중요한 것인데, 바로 이것을 소홀히 하는 것이다! 더욱 안타까운 것은 그들이 다른 일들을 하는 데 있어서는 아주 열성적이고 의욕이 넘친다는 점이다.

우리는 종교적인 활동을 많이 한다. 교회 안의 여러 부서 간에 운동 시합을 하고, 교회 친목회를 가진 다음 기도회를 열고, 주말에 캠핑을 가서 캠프파이어를 하며 성경퀴즈대회를 열고, 주일학교 소풍을 가고, 건축헌금 모금을 위해 캠페인을 벌이고, 목회자 조찬 모임도 갖는다. 이런 일들은 우리 가운데 너무나 빈번히 일어난다. 또한 우리는 아주 신바람이 나서 이런 일들을 한다. 그러다가 개개인의 경건을 챙겨야 하는 성스러운 경내로 들어오면 그들의 열의는 갑자기 식어버리고 만다.

교회는 우울한 분위기를 극복하려고 자체적으로 몇 가지 방법을 사용한다. 그 방법 중 하나가 자꾸 활동을 늘리는 일이다. 그리스도인들은 마치 꼬리잡기라도 하듯이 서로서로 뒤쫓기에 바쁘다. 그러다보니 결국 우리가 어디를 쳐다보든지 간에 우리 눈에 들어오는 것은 바쁘게 어디론가 가고 있거나 아니면 어디에선가 오고 있는 형제자매의 모습뿐이다. 우리는 우울하고 침체된 마음에서 벗어나려고 이런저런 활동에 몰입하거나 종교적 놀이에 의지하지만 실상 이런 방법은 진정한 해결책이 되지 못한다. 우리는 이제까지 여러 해 동안 아무 효과도 없는 이런 방법을 사용해왔다. 그 결과 우리는 내면적으로 승리하지 못했고 오히려 패배적이고 우울한 삶을 살아왔을 뿐이다.

우리의 영적인 곤고함과 비참함을 애통해 하여 하나님 앞에 주저앉아 울어야 하는데, 오히려 우리는 종교적 오락에서 위로를 얻으려고 애쓴다.

지나치게 많은 활동들

영혼의 눈으로 하나님을 볼 수 없는 사람들에게는 다른 무엇이 보이게 마련이다. 우리를 만드신 전능하고 크신 하나님을 예배하기 좋아하지 않는 사람들은 하나님이 아닌 다른 어떤 것을 찾게 마련이다. 사람들이 즐거움을 얻기 위해 고안한 것들의 목록을 만들면 두꺼운 책 한 권으로도 부족할 것이다.

지금 교회는 우리에게 평안을 공급한다. 마치 비누를 팔듯이 요한복음 3장 16절을 간판으로 내걸고 사람들에게 평안을 사라고 말한다. 지금 우리 교회는 파티를 열고, 삼삼오오 모여서 커피를 즐기고, 놀이를 곁들인 교제를 나누면서 아주 풍성한 평안을 즐긴다. 우리는 주(主)의 말씀이 마치 꽃동산 같다고 찬양한다. 우리는 마치 클럽을 운영하듯이 교회를 운영한다. 그러나 우리는 진정한 예배를 회복해야 한다. 그렇게 될 때 사람들이 교회에 오면 즉시 자신이 거룩한 사람들 틈에 섞여 있다고 느끼고 얼굴을 바닥에 댄 채 하나님을 예배할 것이다.

종교적 활동주의자들은 자랑할 것이 많다. 그들은 교회를 건축하고 찬송가와 책을 쓰고 찬양하고 연극도 한다. 그들 중 어떤 사람은 시간을 내어 기도도 할 것이다. 또 어떤 사람은 개혁 운동이니 무슨 캠페인이니 하면서 바쁘게 돌아다닐 것이다. 그러나 아무리 아침 일찍부터 밤늦게까지 열심히 일한다고 해도 그것이 단지 종교적인 계획을 성취하기 위해서 인간의 재능을 사용하는 일에 불과하다면, 그것은 결국 하나님 없이 인간이 인간의 일을 하는 것뿐이다. 하나님은 그런 일들에 '결국 썩어서 없어질 것들'이라는 낙인을 찍으실 것이다.

예배가 반드시 시끄러워야 하는 것은 아니다

예배드릴 때 반드시 시끄러울 필요는 없다. 왜냐하면 야단법석을 떠는 것이 반드시 예배는 아니기 때문이다. 그러나 그렇다고 반드시 쥐 죽은 듯이 조용하게 있어야 하는 것도 아니다. 언제나 조용하고 침착하고 교양 있고 세련된 사람들에게 나는 "만일 다른 사람들이 설교를 들을 때 '아멘'이라고 소리치는 것이 당신의 귀에 거슬릴 정도로 당신이 자신만만하다면, 당신은 좀 더 신앙이 뜨거운 사람들에게 지도를 받을 필요가 있다"라고 경고한다. 하나님의 사람들은 언제나 약간 시끄러웠다. 영국의 복음전도자 레오나드 레이븐힐(Leonard Ravenhill)은 "오늘날 교회는 헌신이 아닌 야단법석을 강조한다"라고 말했다. 복음주의적 진영에서 그리스도인들의 외향성이 극에 달했기 때문에 그것에 대해 문제를 제기할 용기는 물론 그렇게 하려는 생각조차 가진 사람이 없을 정도이다. 지금은 외향주의(外向主義)가 지배하고 있다.

이제 사람들은 하나님이 세미한 음성을 통해서가 아닌 오직 바람과 지진을 통해서만 말씀하신다고 믿는다. 이제 그리스도인들의 신앙적 활동은 시끄러운 소리를 내며 돌아가는 거대한 기계처럼 되어버렸다. 시끄럽게 나팔을 불어대고 큰 소리로 목청을 높이기 좋아하는 젊은이들의 취향이 어느덧 교회 활동의 대명사가 되어버린 것 같다. "인간의 가장 큰 존재 목적이 무엇인가?"라는 오래된 질문에 현대 그리스도인들은 "그것은 온 세상을 돌아다니면서 세상을 더욱 시끄럽게 만드는 것이다"라고 대답한다. 더욱 안타깝게도, 이 모든 일들이 다투지도 않고 소리치지도 않고 그 목소리를 길에서 들리게 하지도 않으시는 분의 이름으로 행해지고 있다(마 12:18-21 참조).

성령님을 기억하라

내가 오늘날의 교회가 교육을 통해 향상된 인간의 능력과 재능에 너무 의지한다고 말하면 아마도 당신은 내 말에 동의하지 않을지도 모른다. 우리는 성령님의 조명(照明)하심이 교역자의 말씀 전파에서뿐만 아니라 교회의 행정적 지도력에서도 반드시 필요하다는 사실을 망각하고 있다. 우리는 사람들을 교회로 모이게 하기 위해 이런저런 것들을 만들어내어 그들의 관심을 끌고 있다. 때로는 아주 효과적이고 고급스러운 방법들을 만들어내고, 때로는 비효율적이고 저급한 방법들을 만들어내기도 한다. 그런데 이것을 운영하는 주체는 어디까지나 사람들이다. 안타깝게도 성령님이 그 주체가 되지 못하며, 주님이 책임자가 되지 못하고 있다. 단지 우리는 사람들을 계속 끌어모으고 즐겁게 해주기 위해서 온갖 종류의 비성경적인, 심지어 성경에 반하는 방법들을 만들어내어 사용한다. 사실 문제는 시시콜콜한 '종교적 장난감'이 있느냐 없느냐에 있지 않다. 이런 것들은 필수품이 되어버린 반면 정말 필요한 영원한 성령님이 우리 가운데 계시지 않다는 것이 비극이다.

　세계 역사를 살펴볼 때 오늘날만큼 많은 사람들이 종교적 행사에 대해 알고 있었던 때도 없었다. 신문은 앞을 다투어 종교 소식을 전하고, 일반 뉴스 잡지들도 교회와 성당에서 벌어지는 일들에 대해 몇 페이지씩 할애해가며 보도에 열을 올린다. 신문 발행인 협회에서는 교회 소식을 담은 종교 잡지를 저렴한 가격에 공급한다. 심지어 설교자나 종교 집회를 광고하기 위해서 전문 광고업자까지 고용하는 일이 더 이상 낯선 풍경이 아니다. 종교와 관련된 각종 회보 등의 홍보물이 우편함을 메운다. 라디오와 텔레비전은 종교인들이 전 세계 곳곳에서 하는 일들을 대중에게 상세히 전하고, 대중 역시 귀담아 듣고 있다.

　종교에 관한 것들을 좀 더 널리 광고하는 것이 잘못은 아닐 것이다. 나는 그 점에 대해 굳이 흠 잡고 싶지 않다. 신앙에 관한 것들이 이 세상에서 가장 큰 뉴스거리가 되어야 한다는 것은 분명한 사실이다. 수많은 사람들이 신앙에 관한 이야기들을 읽기 원한다는 것도 나름대로 고무적이다. 그런데 나를 고민에 빠뜨리는 것은, 이런 종교적인 야단법석의 와중에도 하나님이 그것에 대해 어떻게 생각하실지 전하는 목소리는 거의 들리지 않는다는 사실이다.

활동 중독증

이렇게 절망적인 상황에서 누군가 지력(知力)과 성령의 능력을 겸비한 사람이 나타나서 그의 목소리를 단지 소수의 사람들이 아닌 다수의 사람들에게 들려줄 수 있다면, 현재 막다른 길에서 헤어나지 못하고 있는 복음주의적 기독교를 구할 수 있을 것이다. 나는 수많은 종교적 활동과 종교 사상의 홍수를 보면서 그것들을 영성으로 착각하지 말라고 경고하고 싶다.

활동 중독증은 기독교를 풍성하게 만드는 데 그다지 유익이 되지 못한다. 교회를 둘러보면 절반만 구원 얻은, 절반만 거룩하게 된 육적인 사람들의 무리를 우리는 어렵지 않게 볼 수 있다. 그들은 신약성경보다는 고급스럽고 세련된 물건에 대해서, 성령님보다는 연애소설과 연속극에 대해서 더 많이 알고 있다.

우리는 단순한 신앙적 활동과 도덕적 행위를 분명히 구별해야 한다. 신앙의 표피만 건드리고 본질 속으로 깊이 들어가지 못하는 통속적인 활동이 너무 많다. 다람쥐 쳇바퀴 돌듯이 반복되는 종교적 활동들을 보면서 우리는 무엇인가 일이 이루어지고 있다는 착각에 빠진다. 그러나 실상 중요한 일은 일어나지 않았으며, 영적인 진보도 이루어지지 않고 있다. 그러므로 우리는 무익한 활동에서 돌이켜야 한다.

'주님의 일'을 이루려고 애쓰는 도중에도 우리는 종종 '일의 주님'과의 접촉을 잃고 만다. 결국 사람들은 말 그대로 탈진해 버린다. 나는 많은 목회자들이 자기들의 교회는 살아 있는 교회라고 자랑하는 소리를 들었다. 그 증거로 그들은 주간 집회와 야간 행사 계획이 빼곡하게 적힌 달력을 보여주곤 한다. 그러나 이것은 그 목회자와 교회가 잘못된 영적 철학으로 인도되고 있다는 것을 보여주는 증거일 뿐이다. 시간을 때우기 위한 이런 활동 중 상당수가 무익하며, 심지어 어떤 것들은 참으로 우스꽝스럽기까지 하다. 그러나 종교적인 다람쥐 쳇바퀴를 돌리는 '열심주의자들'은 이렇게 반문한다.

"그렇지만 이런 활동을 통해서 사람들은 교제를 나누고 서로 뭉칠 수 있지 않느냐?"

그러나 나는 그들에게 "당신들이 제공하는 것은 결코 교제가 아니다"라고 대답하고 싶다. 만일 교회가 사람들을 서로 뭉치게 하기 위해서 제공할 수 있는 것이 고작 그런 것이라면 그런 교회는 신약성경이 말하는 교회가 아니다. 사람들을 교회로 모으는 참매력은 바로 예수 그리스도이시다. 교제가 무엇인지 정말 알고자 한다면 우리는 교회의 참교제에 대한 성령님의 증거에 귀를 기울여야 한다.

"저희가 사도의 가르침을 받아 서로 교제하며 떡을 떼며 기도하기를 전혀 힘쓰니라"(행 2:42).

방향을 잃은 교회

'방향 부재(不在)'는 많은 교회 활동이 비극적 실패를 가져온 원인이다. 하나님이 자신에게 어떤 일을 맡기셨는지 구체적으로 알지 못하는 남녀, 특히 남자들이 교회에는 너무 많다. 이런 사람들은 일시적인 기분에 따라 되는 대로 일을 하기 때문에 신앙적으로 거의 유익을 얻지 못하며, 다른 사람들을 이용하여 자기 목적을 성취함으로써 세상에서 높아지려는 야심적인 지도자들에게 이용당하기 쉽다. 방향을 잡지 못하는 그리스도인들은 '새롭고 그럴싸한 것들'이라면 무조건 발 벗고 나서서 도와주는 경향이 있다. 왜냐하면 그들은 무엇이 성경과 하나님의 뜻에 부합되는지를 판단할 능력이 없기 때문이다.

도덕적인 능력이나 영적인 열정 없이 단지 시끄럽고 무모하게 종교적 활동에 몰입하는 이상하고 모순된 현상이 일어난다. 1년 동안 여러 교회들을 찾아다녀보라. 그러면 혈구수(血球數)나 체온이 정상인 신자를 찾아보기 힘들 것이다. 그만큼 그들은 여러 가지 일들로 바쁘다. 하나님을 향한 사랑에 불타서 얼굴이 붉게 상기된 사람들을 찾으려면 신약성경이나 성도들의 전기(傳記)를 보아야 한다. 그런 사람들을 우리 시대에 그리스도를 따른다고 고백하는 사람들 중에서 찾으려면 낭패를 보게 된다.

만일 어떤 교회가 진정 순수하고 성령충만한 교회라면, 만일 어떤 교회가 영적으로 사고하는 사람들에 의해서 지도를 받고 인도된다면, 그 교회에서는 순수하고 신령한 사람들이 가장 귀하게 인정받고 존경받을 것이다. 그러나 안타깝게도 현실은 이와 정반대이다. 사람들은 경건을 더 이상 높이 평가하지 않는다. '경건'이라는 단어가 늙은 사람들이나 이미 죽은 사람들에게나 어울리는 단어라고 여길 정도이다.

종교 활동의 소용돌이 속에서 경건하고 신령한 사람들은 점차 잊혀져간다. 그 대신, 목소리 크고 자기 주장을 잘하고 재미있는 사람들이 관심의 대상으로 떠오른다. 이런 사람들은 인기를 누리고 선물을 받고 높은 지위를 차지하는 등 여러 가지 측면에서 짭짤한 재미를 본다. 자기를 버리고 그리스도를 닮고 내세지향적으로 사고하는 사람들은 뒷전으로 밀려난 채, 최근 개종한 '바람둥이'가 그 자리를 대신 차지한다. 그러나 이런 바람둥이는 정말로 회심한 것인지 분명하지 않으며 대개는 여전히 바람둥이인 경우가 많다.

시대에 발을 맞추라고?

전도할 때 죄인이 편하게 느낄 수 있도록 시사적(時事的)인 문제나 공통의 관심사를 언급하는 것은 바알의 제단에서 제사를 드리는 것만큼이나 잘못된 방법이다. 죄인이 전혀 당혹감이나 죄책감을 느끼지 않고 편하게 하나님 앞으로 나오도록 만들려는 방법은 백해무익하다. 그것은 전도대상자의 영혼에게 참으로 위험스럽고 악한 것이다.

현재 유행하는 착각 중의 하나가 있다. 복음주의 진영에서 요란스러운 종교적 활동에 몰두하게 만든 대단한 착각은 시대가 변함에 따라 교회도 변해야 한다는 생각이다. 즉, 사람들의 요구에 부응하여 그리스도인들이 그들의 방법을 바꾸어야 한다는 생각이다.

"사람들이 10분짜리 설교를 원하면 10분짜리 설교를 해주어라. 진리를 캡슐 형태로 원한다면 캡슐 형태로 그것을 전달하라. 영상 매체를 원하면 영상 매체를 통해서 말씀을 전하라. 이야기를 원하면 이야기의 형태로 진리를 전하라. 드라마를 통해서 종교적 교훈을 얻기 원하면 그렇게 해주어라. 그들이 원하는 대로 해주어라."

적응주의자들은 "메시지는 동일하지만 방법은 바뀌어야 한다"라고 말한다.

"신(神)들은 그들이 파멸시키기 원하는 자들을 미치게 만들었다"라고 고대 그리스인들은 말했다. 그들은 참으로 지혜로웠던 것 같다. 소돔을 예루살렘으로 착각하고 할리우드를 '거룩한 도성(都城)'으로 착각하는 정신 상태는 지극히 구제 불능의 상태이다. 따라서 다른 방법으로는 도저히 설명이 안 된다. 그것은 스스로 그리스도인이라고 고백하면서도 하나님의 영(靈)을 욕되게 하는 사람들 위에 떨어진 하나님의 형벌로 말미암은 광기(狂氣)라고 볼 수밖에 없다.

"여호와께서 가라사대 가서 이 백성에게 이르기를 너희가 듣기는 들어도 깨닫지 못할 것이요 보기는 보아도 알지 못하리라 하여 이 백성의 마음으로 둔하게 하며 그 귀가 막히고 눈이 감기게 하라 염려컨대 그들이 눈으로 보고 귀로 듣고 마음으로 깨닫고 다시 돌아와서 고침을 받을까 하노라"(사 6:9,10).

TOZER ON WORSHIP AND ENTERTAINMENT

할리우드에서가 아니라 성경에서 배우라

16장

오늘날의 교회는 예루살렘보다는 할리우드에서 더 많은 영향을 받을 정도로 세상의 정신 및 세상적인 방법들과 맞닿아 있다. 젊은이들은 과거의 성인(聖人)들보다는 오늘날의 연예계 스타들을 모범으로 삼는다.

할리우드가 교회의 스승인가?

지난 25년 동안 복음주의 진영에서는 신앙과 행위에 있어서 큰 변화가 있었다. 이 변화는 너무나 커서 사실상 '변질'이라고 말할 수 있을 정도이다. 더욱이 이런 변질은 열심을 내는 정통 신앙의 가면 뒤에서 일어났다. 성경책을 끼고 주머니에 신앙 소책자를 잔뜩 넣은 채 신자들이 모여서 예배를 드린다. 그러나 그 예배는 너무나 육적이고 이교적(異敎的)이기 때문에 과거의 보드빌 쇼(vaudeville show, 노래, 춤, 연극, 곡예 등 여러 가지를 상연하기 위해 구성된 공연 - 역자 주)와 거의 구별이 안 될 정도이다. 그러나 이런 이교적 현상을 꾸짖는 설교자나 저술가는 곳곳에서 조롱과 비난의 대상이 되고 있을 뿐이다.

  사실 나는 이런 말을 하고 싶지 않다. 그러나 신약성경의 영향보다는 세상의 영향을 더 받은 사람들이 많기 때문에 이런 말을 하지 않을 수 없다. 단언하건대, 나는 지금 당장이라도 주 예수 그리스도보다 할리우드에 더 많은 영향을 받아 판단하고 생활하는 복음주의적 그리스도인들을 시카고에서만 해도 수천 명이나 모을 수 있다. 나는 오늘날 복음이라고 여겨지는 많은 것들이 실상은 세상의 쾌락과 취향과 야망에 완전히 사로잡힌 사람들의 마음에 접목된 정통 종교의 매우 무기력한 사례에 불과하다고 확신한다.

  앞에서 이야기한 바와 같이, 신약성경보다는 세상의 영향을 더 많이 받은 사람들이 있는데, 그들은 성령님의 인도를 따를 준비가 되어 있지 않다. 그들의 생활 방식과 정신 상태는 예루살렘보다는 할리우드를 더 닮았다. 만일 당신이 그들을 지금 당장 새 예루살렘으로 데려간다면 그들은 매우 불편해 할 것이다. 왜냐하면 그들의 마음은 하나님의 일이 아닌 할리우드의 연예오락에 길들여졌기 때문이다.

  스스로 거듭났다고 고백하는 많은 그리스도인들이 거듭나지 못한 사람들이 범하는 죄를(몇 가지 중한 죄의 경우를 제외하고) 전혀 문제 삼지 않고 있다. 그러면서 도리어 열심히 그들을 따라서 같은 죄를 범한다. 젊은 그리스도인들은 지극히 세상적인 속물을 모범으로 삼아 가능하면 그처럼 되려고 애를 쓴다. 교회 지도자들은 세상의 광고업자들이 쓰는 방법을 그대로 모방한다. 자랑하고 미끼를 던지고 뻔뻔스럽게 과장하는 것이 교회 일을 처리하는 일반적인 방법이 되고 말았다. 그리하여 교회 사역을 수행하는 수단에서 풍기는 분위기는 할리우드나 브로드웨이의 그것처럼 되고 말았다.

오늘날의 교회는 예루살렘보다는 할리우드에서 더 많은 영향을 받을 정도로 세상의 정신 및 세상적인 방법들과 맞닿아 있다. 젊은이들은 과거의 성인(聖人)들보다는 오늘날의 연예계 스타들을 모범으로 삼는다. 우리 주 예수 그리스도께 전혀 합당하지 않는 저속하고 퇴폐적인 대중음악이 참기독교의 순결한 위엄과 반짝이는 순수성을 밀어내고 대신 그 자리를 차지하였다.

복음주의적 교회가 쇼맨십으로 물들고 있다. 나는 교회에서 쇼맨(showman), 즉 흥행사 흉내를 내는 사람을 즉시 알아볼 수 있다. 한 젊은이가 학교나 야외의 집회에서 하듯이 교회 강단 위로 펄쩍 뛰어올라와 찬양집회를 인도한다. 그는 TV에 나오는 엠시(MC)와 조금도 다를 바 없다. 그는 엠시가 하는 방법을 배워서 똑같이 흉내 낸다. 그는 느끼한 미소를 지으며 손뼉을 치면서 "자, 여러분, 이제 아무개 형제와 아무개 자매가 우리를 행복하게 해주는 찬양을 하겠습니다"라고 소리친다. 그는 이런 가증스러운 것을 세상에서 교회로 끌어들인 것이다. 이런 것을 볼 때 나는 하나님께 그가 자신의 잘못을 깨닫도록 도와달라고 기도한다.

나는 그가 어디에 있었는지 안다. 그에게서 천국의 몰약(沒藥)이나 침향(沈香)이나 계피(桂皮)의 향기는 맡을 수 없다. 그의 관심은 온통 TV와 영화뿐이다. 그러면서도 그는 삼나무로 만든 장롱만큼 큰 성경책을 팔에 끼고 길거리를 걸으면서 "지금 나는 다섯 블록을 돌아다니며 전도하고 있는 중입니다"라고 말한다. 그런 다음 그는 교회에 도착해서 세상의 속물처럼 행동함으로써 자신의 전도 활동을 무색하게 만들고 있다.

가련한 잡종

설교자들은 영적으로 둔감하고 무지한 자들에게 맞추기 위해 그들의 설교 수준을 여러 가지 면에서 낮추고 있는 실정이다. 청중의 수를 조금이라도 늘리기 위해서 그들은 천박한 예화를 들고 농담을 하고 웃기고 즐겁게 해주려고 애쓴다. 이렇게 하는 주된 목적은 명성을 얻고 교회의 재정적 지출을 위한 재원을 마련하기 위해서이다.

솔직히 말해서, 정말로 하나님을 갈망하고 찾는 사람에게가 아니라 하나님나라의 한 귀퉁이를 이빨로 물고 거기에 매달려 있는 아주 육신적이고 저속한 신자에게 맞추기 위해 설교의 수준을 끌어내리는 일이 얼마나 빈번한가?

많은 교회가 기독교의 진리에 물을 타버렸다. 그리하여 그것이 독이라 할지라도 그 누구도 죽일 수 없고, 그것이 약이라 할지라도 그 누구도 고칠 수 없을 정도로 묽어져버렸다.

서로 다른 양극, 즉 세상과 교회의 간격을 메워보려고 시도하다가 불법적인 결혼을 한 것이 우리의 문제라는 지적은 이제 진부한 이야기가 되었을 정도이다. 성경은 결코 이런 불법적인 결혼을 용인하지 않는다. 다시 말해서, 세상과 교회의 진정한 연합은 불가능하다. 교회가 세상과 짝할 때 그것은 더 이상 참 교회가 아니다. 세상에게는 경멸의 대상이고 주님에게는 가증스럽고 가련한 잡종일 뿐이다.

우리는 거룩한 것을 웃음거리로 삼으려는 세상 속에서 살고 있다. 어느 신문에선가 얼룩무늬 개가 마치 기도하듯 두 발을 포개고 눈을 감고 머리를 숙이고 있는 그림을 보았다. 성경은 "개들을 조심하라"라고 가르친다. 나는 이 말씀에 "개들에게 기도하는 법을 가르치는 바보들을 조심하라"라고 덧붙이고 싶다.

오늘날 우리의 교회들은 신약성경의 기준에 미치지 못한다.

세속성은 우리 삶의 방식의 일부가 되었다. 이제 교회는 영적 분위기가 아닌 세상적 분위기를 풍긴다. 우리는 예배드리는 법을 잊어버렸다. 우리는 '성도들'을 배출하지 못한다. 우리는 성공한 사업가, 연예계 및 체육계의 스타들을 본받으려고 애쓴다. 우리는 현대 광고업자들의 방법을 빌려서 우리의 신앙적 활동들을 전개하려고 한다. 우리의 가정은 극장이 되어버렸다. 우리의 신앙서적들은 그 내용이 얄팍하기 짝이 없고, 우리가 부르는 찬송은 신성모독에 가깝다. 그런데도 이렇게 잘못된 것들에 대해 아무도 문제 삼지 않는다.

복음주의적 기독교는 빠른 속도로 부르주아의 종교가 되고 있다. 많은 부자들, 상류 계급, 유명한 정치인들, 사회적 명사들이 기독교를 받아들이고 그들이 고급 승용차를 끌고 교회로 나오면 그것을 보고 너무 좋아서 입을 다물지 못하는 우리의 교회 지도자들은 아마도 이런 든든한 교회 후원자들 대다수가 회심의 증거인 도덕적 변화를 전혀 보이지 않는다는 사실은 도무지 모르는 것 같다. 교회를 세운 거룩한 교부(敎父)들 같았으면 이런 변화를 요구했을 것이며, 그들이 그런 변화를 보일 때라야 그것을 회심의 증거로 받아들였을 것이다.

오늘날의 진정한 위험은 정통적 신앙을 가진 신자들의 교회 안에서 발생한다. 그들은 세상의 가치를 받아들인다. 세상 나라와 세상 나라의 영광은 신자들이 추구해야 할 확실한 상급이라고 그들은 믿는다. 눈먼 영혼들을 인도하는 눈먼 지도자들은 세상의 영광을 추구하는 것이 잘못은 아니라고 말한다. 그들은 건전한 사회적 기준에 어긋날 정도로 타락한 것이 아니라면 그리스도인들도 세상의 즐거움들을 추구할 수 있다고 주장한다. 그리스도께서 경멸하신 가치들이 사람들을 교회로 끌어들이기 위해 지금 이용되고 있는 실정이다.

세상에 미혹된 교회

신앙인들이 성령님을 무시하거나 거부할 때 그들은 자신의 지혜에 따라서 마음대로 행하거나 아니면 완전히 화석화(化石化)된다. 어떤 소수(小數)의 교회는 화석화를 하나님의 뜻이라고 믿고, 본격적으로 그들의 과거를 보존하는 일에 착수한다. 마치 과거를 보존하는 것이 무슨 큰 가치를 창조하는 것처럼. 반면, 어떤 교회는 현대적인 분위기를 풍기려고 애를 쓴다. 그들은 사회에서 유행하는 활동들을 흉내 내려고 애쓰는데, 왜냐하면 그렇게 하는 것이 무척 창조적이라고 착각하기 때문이다. 그들은 유행을 따르지만, 그들의 소위 '창조적인' 기술이 만들어내는 것은 거룩함이나 영적 위엄과 같은 영원한 가치를 전혀 담고 있지 않은 장난감들, 시시콜콜한 것들, 이 세상을 흉내 낸 것들뿐이다. 거기에는 성령님의 품질보증 마크가 찍혀 있지 않다.

평범한 것을 경멸하고 화려한 매력을 좇는 현상은 오늘 우리 사회의 특징이며 불행을 예고하는 조짐이다. 종교도 화려한 매력을 좇는다. 내가 말하는 화려한 매력이란 '섹스, 화장품, 화려한 의상, 인공조명 등으로 상징되는 것들'을 가리킨다. 이런 것들은 카바레와 영화 촬영장 등을 통해서 들어와 세상 사람들에게 수용되더니, 그 다음에는 교회 속으로 당당히 걸어들어왔다. 이런 것들의 특징은 허영, 자기 도취, 그리고 오만이다. 이제 우리는 우리 가운데 하나님의 영(靈)을 모시지 않고 그 대신 화려한 매력이라는 우상을 모신다. 이 우상은 겉으로 보기에는 멋있어 보이지만, 실상 사신(死神)처럼 억지로 꾸민 것이며, 사신의 상징인 해골처럼 속이 비어 공허한 것이다.

이제 이 문제에 대하여 좀 더 구체적으로 살펴보자. 지금 내가 어떤 사람들에 대해서 말하고 있는가? 성경의 권위를 부인하는 자유주의자들을 가리켜 말하는가? 나도 그랬으면 좋겠다. 나는 자유주의자들이란 이미 오래전에 죽은 사람들이라고 믿기 때문에 그들에게는 아무 기대도 하지 않는다. 나는 지금 복음주의적인 교회, 즉 복음을 믿는 교회에 대해서 이야기하는 것이다. 이런 교회들은 대중에게 전도해야 한다고 말하면서 성경 구절들을 풍부하게 인용하지만 거기에는 권위가 없다. 그들은 세상의 가치를 그대로 받아들인다. 그들은 죄인들을 꾸짖지만, 그것은 마치 오래전에 가족에 대한 권위를 상실한 아버지의 무력한 꾸짖음과 다를 바 없다. 그들은 세상 사람들에게 그리스도를 제시하지만, 그들이 제시하는 그리스도는 주님으로서의 주권이 없는 종교적 '신경안정제' 정도에 불과하다. 그들은 세상의 방법들을 받아들이고 부자, 정치인, 바람둥이의 호의를 구걸한다. 그렇게 하면서 그들은 바람둥이가 이따금 선심 쓰듯이 예수에 대하여 좋은 말을 해주면 아주 고마워 한다.

　기독교 저널리즘, 즉 기독교계에서 발행되는 신문이나 잡지를 보자. 그것도 겉으로는 정통 신앙을 표방하지만 외양(外樣), 논조(論調), 정신, 언어사용, 방법 및 목적을 보면 그들이 열심히 모방하는 세속의 신문 잡지들과 거의 구별이 되지 않는다. 지금의 기독교는 그리스도에게 "우리가 우리 떡을 먹으며 우리 옷을 입으리니 오직 당신의 이름으로 우리를 칭하게 하여 우리로 수치를 면케 하라"(사 4:1)라고 말한다. 지금 크리스천 대중은 예수님을 영접했으나 교회를 극장으로 바꾸고, 예배가 무엇인지도 모르고, 십자가를 오해하는 사람들이다. 그들은 그리스도의 제자로서 살아가려면 얼마나 큰 대가를 지불해야 하는지 전혀 모른다.

　현재 기독교의 경향은 사람들에게 천국 지향적인 사고(思考)

를 심어주지 못하고, 오히려 신앙을 세속화하여 타락한 인간들의 육신적 가치관에 대해 좋게 말한다. 현재 성공을 우상화하는 교회는 대기업 회장, 영화배우, 운동선수, 정치인 및 각 분야에서 성공한 사람들의 사회적 평판에 아랑곳하지 않고 그들의 신앙 간증을 전하기에 바쁘다. 현대의 교계 지도자들은 담배 판촉 방법과 동일한 방법으로 기독교를 전파하려고 애쓴다. 그들은 고도의 긴장을 요하는 상업상의 거래나 스포츠 경기 후에 마음의 안정을 얻기 위해 담배를 피우듯이, 마음의 평안을 위해 기도하라고 가르친다. 예수 그리스도는 단지 보통 사람에 지나지 않았고, 기독교는 고도의 심리학적 원리들을 아주 지혜롭게 사용하는 종교라고 가르치는 책들이 무더기로 쏟아져 나온다.

산상수훈의 거룩한 원리를 거꾸로 가르친다. 복 있는 자들은 온유한 자들이 아니라 자만심이 강한 자들이다. 애통하는 자들이 아니라 미소 짓는 자들이 복 있는 자들이다. 하나님이 소중히 여기시는 자들은 심령이 가난한 자들이 아니라, 세속의 언론에서 중요한 인물로 부상하는 자들이다. 의(義)에 주리고 목마른 자들이 배부를 것이 아니라 명성에 주리고 목마른 자들이 배부를 것이다. 이렇게 산상수훈의 거룩한 원리마저 거꾸로 가르쳐진다.

육신적이고 세상적인 관심과 동기에서 예배에 참석하는 사람들은 예배가 주는 깊은 평안과 기쁨을 맛볼 수 없다. 예배의 언어를 통해서 예배의 감격을 느끼지 못하는 사람들에게는 그것이 무의미한 것으로 느껴질 것이다. 예배의 영적인 분위기가 오히려 낯설게 느껴지는 사람들은 예배에서 아무 유익도 얻지 못한다. 그리하여 그들은 예배와 교회생활을 좀 더 견디기 쉽도록 고안해낸 종교적 오락과 놀이에 의지한다.

인기를 얻기 위해 애쓰는 그리스도인들

그리스도인들이 인기를 얻기 위해 애쓰는 모습은 그들이 영적으로 쇠퇴했다는 반증(反證)이기도 하다. 교회가 세상 유명인의 발 아래 아첨하는 것은 성령님을 슬프게 하는 일이며 하나님의 다른 자녀들을 당혹스럽게 만드는 일이다. 만일 엘리야나 조지 폭스(George Fox, 1624~1691. 퀘이커 교파의 창시자 - 역자 주) 같은 사람들이 다시 이 땅에 와서, 대중적인 기독교 지도자들이 세상의 명사(名士)들에게 아첨하는 모습을 본다면 구토를 느낄 것이다.

언제나 시류에 민감하고 대중의 욕구를 충족시키는 데 빠른 세속 언론은 기독교가 좋은 뉴스거리라는 사실을 알게 되었다. 신문과 잡지 구독자들 중 아주 많은 사람들이 기독교에 관심을 갖기 때문에 신문 잡지사들은 점점 더 많은 기독교 기사를 실어서 돈벌이에 성공한다. 신앙서적들이 베스트셀러에 끼기도 한다.

저명한 사람들이 자신의 믿음에 대해 이런저런 이야기를 내놓는다. 기독교 기사는 자연스럽게 스포츠 기사, 정치 기사 및 연극에 관한 기사들 틈에 끼게 되고 나이트클럽에서 수다를 떠는 사람들까지 빈번히 기독교를 화제로 이야기하기도 한다. 라디오나 TV에 출연하는 코미디언들이 판에 박힌 농담을 끝내면서 기도나 교회 출석에 대해 심각한 한두 마디 말을 던지면 그것이 듣는 사람들을 즐겁게 만든다는 사실을 알게 되었다.

그리스도인들도 그들 중에서 구설수에 자주 오르거나 가장 시끄러운 사람을 가장 훌륭하고 멋진 사람으로 취급하는 습관에 빠져버렸다. 그들은 인기가 곧 탁월함의 증거라고 믿는다. 산상수훈의 교훈과 완전히 어긋나게, 그들은 온유한 자들이 아니라 자기 주장이 강한 자들에게, 애통하는 자들이 아니라 자만심으로 가득 차 있는 자들에게, 마음이 청결하여 하나님을 보는 자들이 아니라 신문 머리기사의 주인공이 되려고 애쓰는 자들에게 박수를 보낸다.

마음 깊은 곳에 하나님을 모시지 못한 사람은 외로움에서 벗어나기 위해 가능한 모든 방법을 사용한다. 이럴 경우 대부분의 사람들은 세상으로 달려나가 사람들을 만나고 여러 활동에 몰입한다.

내면 깊은 곳의 외로움에서 벗어나기 위해서 사람들은 시간을 보내기 위한 온갖 종류의 방법과 얄팍한 오락을 고안해냈다. 이런 것들이 오늘날 수십 억 달러짜리 사업으로 성장했다는 사실이 우리에게 시사하는 바는 매우 크다. 사람들은 자신들이 하루 중 서늘할 때에 하나님의 음성이 들리지 않는 동산이자, 하나님 없는 성전(聖殿)이라는 사실을 잊기 위해 그토록 많은 돈을 지출하는 것이다.

세상의 방법인가, 하나님의 방법인가?

많은 복음주의 지도자들은 역사적 안목이 없기 때문에, 성령님이 어떻게 일해 오셨는지, 그리고 지금 어떻게 일하시는지 알지 못한다. 우리는 하나님이 행하시는 방법을 모르기 때문에 우리 자신의 방법에 의지한다. 우리 시대에 우리가 사용하는 세 가지 방법이 있는데, 이것들은 모두 성경의 방법에 완전히 모순되고 역행하는 것이다. 첫 번째 방법은 대기업을 운영하는 방법이다. 두 번째 방법은 연예업(show business)을 하는 방법이며, 세 번째 방법은 매디슨 애비뉴의 광고업자들이 쓰는 방법이다. 그들은 성경의 방법을 보충한다는 미명하에 이런 방법들을 사용하지만, 그럴 때 성령님은 근심하며 뒤로 물러서신다.

우리는 젊고 원기 왕성하기 때문에 성령님의 능력에 의지하지 않고 순전히 우리의 열심으로 때우려고 한다. 우리는 역사적 안목과 영적 분별력이 없기 때문에 성령님의 활동과 자신의 인간적 열심을 분별하지 못한다. 그 결과, 성경의 방법은 밀려나서 사라지고 만다. 교회의 일, 전도, 세계 선교와 같은 거룩한 일을 대기업 운영 방법, 연예업 운영 방법, 매디슨 애비뉴의 광고업자의 방법으로 하려는 것은 바벨론 포로 상태에 그대로 머무르는 것이며, 성령님을 근심하게 만드는 일이다. 교회 스스로 구멍을 뚫어버렸고 그 구멍으로 세상의 방법들이 흘러들고 있다.

그리스도인은 세상과 구별되어야 한다

우리는 세상과 분리되도록 부름 받았다. 우리는 세상의 어리석은 것들, 쾌락, 방법, 가치, 야망, 탐욕, 악한 것들, 관습들에서 떠나라고 부름 받았다. 교회의 윤리와 세상의 윤리는 서로 첨예하게 배치된다. 그것들은 서로 조화를 이룰 수 없다. 그러므로 만일 어떤 그리스도인이 세상과 형제처럼 친하게 지낸다면 그는 죄를 짓는 것이다. 세상적인 삶은 성령님을 근심하게 만들고, 세상을 흉내 내는 것은 영적 성장을 가로막는다.

우리는 어떤 대가를 치르고서라도, 불경스럽고 불행한 것들이 교회와 예배 안으로 들어오는 것을 막아야 한다. 우리는 이상한 불이 여호와의 제단 위에 드려지는 것에 반대해야 한다. 우리는 이상한 희생제물들이 하나님께 드려지는 것에 반대해야 한다. 우리는 이상한 신(神)들이 우리의 성소 안으로 들어오는 것에 반대해야 한다. 우리는 세례 받고 거룩하게 되었으나 여전히 세상의 어리석고 천박한 것들을 좇는 행태(行態)가 복음적 신앙을 잠식해가는 것에 반대해야 한다.

당신이 신자들의 잘못을 지적하면, 모든 사람들은 당신이 모든 것에 반대하는 부정적인 사람이라고 비난할 것이다. 그렇다. 나는 반대한다. 나는 마귀를 반대하고, 죄를 반대하고, 세상적인 것들을 반대하고, 육신을 반대하고, 기독교인 척하지만 실상 기독교가 아닌 것을 반대한다. 나는 기독교와 세상을 조화시키려는 영적 무지(無知)를 반대한다. 왜냐하면 그렇게 하는 것은 아무 도움이 되지 않기 때문이다.

과거에 우리의 교회 지도자들은 조롱거리가 되고 심지어 옥에 갇히고 도시에서 쫓겨나는 고난도 당했다. 그러나 오늘날 교회 지도자들은 대중의 어깨 위에 올라앉아 있다. 왜냐하면 그들은 세상을 구원한다는 미명하에 기독교를 최대한 세상처럼 만들려고 애쓰기 때문이다. 그렇다. "기독교를 세상처럼 만들라"라는 것이 그들의 철학이다. 그들은 "기독교가 세상과 다를 것이 없고, 단지 약간 높은 수준의 도덕을 요구할 뿐이라고 세상 사람들에게 말하라. 그러면 곧 당신은 그들을 기독교인으로 만들 수 있을 것이다"라고 말한다. 그러나 기독교는 단지 약간 높은 수준의 도덕을 요구하는 정도가 아니라 불가능한 것을 요구한다. 그러면서도 그 불가능한 것을 이룰 수 있는 힘을 주는 것이 기독교이다. 기독교는 인간의 본능에 야합하지 않고 그것을 비판한다. 그리스도의 메시지는 인간의 생각과 정면으로 충돌한다.

그리스도인은 하나님을 사모해야 한다

하나님을 사모하는 마음과 나의 영적 수용성(受容性)을 잃어버리고 내 현재 상태에 만족할 바에는, 나는 차라리 이 자리를 떠나 길을 걸어가다가 뇌졸중으로 쓰러져 119 대원들에 의해 병원으로 실려가는 편을 택하겠다. 나는 예수 그리스도가 단지 '훌륭한 분'이라고 생각하는 익살맞은 설교자를 볼 때 슬퍼하지 않을 수 없다. 하나님을 받아들일 수 있는 영적 수용성도 없고 그분을 갈망하지도 않고 성결을 사모하지도 않고 그리스도를 닮으려는 내면적 굶주림도 없는 사람들을 볼 때 나는 너무 마음이 아프다. 이런 사람들은 죄, 심판, 은혜, 구원 같은 무거운 얘기에는 관심이 없고 그저 늘 상냥하고 즐겁기만 하다.

모든 교회는 그들이 사용하는 방법이 하나님께 영광을 돌리는 방법이 되도록 노력해야 한다. 하나님을 찬양하는 음악이 아무리 기술적으로 탁월하다 할지라도 그 방법이 그분을 영화롭게 하는 것이 아니라면 진정으로 하나님을 찬양하는 것이 아니다.

복음주의적 교회는 '허영의 시장'(vanity fair)으로 변해버렸다. 경건의 강(江)은 없고 여기저기 작은 경건의 웅덩이들만 있을 뿐이다. 그나마 그 웅덩이 안에는 대부분 벌레가 꿈틀거린다. 그러나 하나님은 우리가 강이 되기를 원하신다. 우리가 강이 되지 못하는 이유는 올바른 소리를 듣지 못하기 때문이다. 우리의 귀는 허영의 소리를 향해 열려 있다. 기독교는 허영의 종교가 되고 말았다. 오늘날 기독교인들은 높아지기 위해서 부끄러움도 모르고 자기를 내세우는 데 혈안이 되어 있다.

예배인가, 쇼인가!

초판 1쇄 발행	2004년 7월 22일
초판 55쇄 발행	2025년 5월 1일

지은이	A. W. 토저
옮긴이	이용복

펴낸이	여진구		
편집	이영주 박소영 최현수 구주은 안수경 김도연 김아진 정아혜		
책임디자인	마영애 노지현 조은혜 정은혜		
홍보·외서	진효지		
마케팅	김상순 강성민	마케팅지원	최영배 정나영
제작	조영석 허병용	경영지원	김혜경 김경희

303비전성경암송학교 유니게 과정
이슬비전도학교 / 303비전성경암송학교 / 303비전꿈나무장학회

펴낸곳	규장

주소 06770 서울시 서초구 매헌로 16길 20(양재2동) 규장선교센터
전화 02)578-0003 팩스 02)578-7332
이메일 kyujang0691@gmail.com　　　　　　　　홈페이지 www.kyujang.com
페이스북 facebook.com/kyujangbook　　　　　　인스타그램 instagram.com/kyujang_com
카카오스토리 story.kakao.com/kyujangbook
등록번호 1922-2461
since 1978.08.14

ⓒ한국어 판권은 규장에 있습니다.
이 출판물은 저작권법에 의해 보호를 받는 저작물이므로 무단 전재와 무단 복제를 할 수 없습니다.

책값 뒤표지에 있습니다.
ISBN 978-89-7046-961-4 03230

규 | 장 | 수 | 칙

1. 기도로 기획하고 기도로 제작한다.
2. 오직 그리스도의 성품을 사모하는 독자가 원하고 필요로 하는 책만을 출판한다.
3. 한 활자 한 문장에 온 정성을 쏟는다.
4. 성실과 정확을 생명으로 삼고 일한다.
5. 긍정적이며 적극적인 신앙과 신행일치에의 안내자의 사명을 다한다.
6. 충고와 조언을 항상 감사로 경청한다.
7. 지상목표는 문서선교에 있다.

하나님을 사랑하는 자 곧 그의 뜻대로 부르심을 입은 자들에게는 모든 것이 合力하여 善을 이루느니라(롬 8:28)

Member of the
Evangelical Christian
Publishers Association

규장은 문서를 통해 복음전파와 신앙교육에 주력하는 국제적 출판사들의
협의체인 복음주의출판협회(E.C.P.A:Evangelical Christian Publishers
Association)의 출판정신에 동참하는 회원(Associate Member)입니다.